B 1.2

Anna Breitsameter
Sabine Glas-Peters
Angela Pude

MENSCHEN

Deutsch als Fremdsprache
Arbeitsbuch

Hueber Verlag

Literaturseiten:
Harry Kanto macht Urlaub: Urs Luger, Wien

4. 3. 2. | Die letzten Ziffern
2018 17 16 15 14 | bezeichnen Zahl und Jahr des Druckes.
Alle Drucke dieser Auflage können, da unverändert, nebeneinander benutzt werden.
1. Auflage

Umschlaggestaltung: Sieveking · Agentur für Kommunikation, München
Fotoproduktion: Iciar Caso, Hueber Verlag, München
Fotograf: Florian Bachmeier, München
Zeichnungen: Michael Mantel, www.michaelmantel.de
Layout und Satz: Sieveking · Agentur für Kommunikation, München
Verlagsredaktion: Jutta Orth-Chambah, Nikolin Weindel, Marion Kerner, Hueber Verlag, München
Druck und Bindung: Himmer AG, Augsburg
Printed in Germany
ISBN 978-3-19-511903-0

Art. 530_06554_001_02

VORWORT

Das Arbeitsbuch *Menschen* dient dem selbstständigen Üben und Vertiefen des Lernstoffs im Kursbuch.

Aufbau einer Lektion:

Basistraining: Vertiefen und Üben von Grammatik, Wortschatz und Redemitteln. Es gibt eine Vielfalt von Übungstypologien, u.a. Aufgaben zur Mehrsprachigkeit (Bewusstmachen von Gemeinsamkeiten und Unterschieden zum Englischen und/ oder anderen Sprachen).

Training Hören, Lesen, Sprechen und Schreiben: Gezieltes Fertigkeitentraining, das unterschiedliche authentische Textsorten und Realien sowie interessante Schreib- und Sprechanlässe umfasst. Diese Abschnitte bereiten gezielt auf die Prüfungen vor und beinhalten Lernstrategien, Lern- und Prüfungstipps.

Training Aussprache: Systematisches Üben von Satzintonation, Satzakzent und Wortakzent sowie Einzellauttraining.

Test: Möglichkeit für den Lerner, den gelernten Stoff zu testen. Der Selbsttest besteht immer aus den drei Kategorien *Wörter*, *Strukturen* und *Kommunikation*.
Je nach Testergebnis stehen im Internet unter *www.hueber.de/menschen/lernen* vertiefende Übungen in drei verschiedenen Schwierigkeitsgraden zur Verfügung.

Lernwortschatz: Der aktiv zu lernende Wortschatz mit Angaben zum Sprachgebrauch in der Schweiz (CH) und in Österreich (A).

Modulseiten:
Weitere Aufgaben, die den Stoff des Moduls nochmals aufgreifen und kombiniert üben.

Wiederholungsstation Wortschatz/Grammatik bietet Wiederholungsübungen zum gesamten Modul.

Selbsteinschätzung: Mit der Möglichkeit, den Kenntnisstand selbst zu beurteilen.

Rückblick: Abrundende Aufgaben zu jeder Kursbuchlektion, die den Stoff einer Lektion noch einmal in zwei unterschiedlichen Schwierigkeitsstufen zusammenfassen.

Literatur: In unterhaltsamen Episoden wird eine Fortsetzungsgeschichte erzählt.

Piktogramme und Symbole:

Hörtext auf CD ▶ 2 02

Kursbuchverweis KB 3

Aufgaben zur Mehrsprachigkeit

Vertiefende Aufgabe

Erweiternde Aufgabe

Lernstrategien und Lerntipps — TIPP: Sie kennen nicht alle Wörter in einem Text? Das macht nichts. …

Regelkasten für Phonetik — REGEL: Man spricht „ks“ bei: X, ___, ___, ___.

Grammatik — GRAMMATIK: Die Präposition *wegen* steht zusammen mit ○ Akkusativ. ○ Dativ. ○ Genitiv.

Übungen in drei Schwierigkeitsgraden zu den Selbsttests und die Lösungen zu allen Aufgaben im Arbeitsbuch finden Sie im Internet unter *www.hueber.de/menschen/lernen*.

INHALT

Aus diesem Grund gab es ein Missverständnis.

KB 3 **1** **Schreiben Sie Sätze.**

STRUKTUREN

a Noelle macht nächste Woche die B1-Prüfung.
(deswegen – abends zusammen mit einer Kursteilnehmerin lernen)
b Sie hat seit einem Jahr einen deutschen Freund. (deshalb – Deutsch lernen)
c Ihr Freund Sebastian ist Anwalt. Er hat deutsches Recht studiert.
(daher – nicht in Frankreich arbeiten können)
d Im nächsten Jahr will Noelle nach Deutschland ziehen und dort arbeiten.
(aus diesem Grund – gerade Bewerbungen schreiben)
e Es wäre ihr peinlich, wenn in der Bewerbung Fehler wären.
(darum – ihren Freund um Hilfe bitten)

a Deswegen lernt sie abends zusammen mit einer Kursteilnehmerin.

KB 3 **2** **Markieren Sie die Gründe in 1 und schreiben Sie die Sätze mit *nämlich*.**

STRUKTUREN

a Noelle lernt abends zusammen mit einer Kursteilnehmerin.
Sie macht nämlich nächste Woche die B1-Prüfung.
b Noelle lernt Deutsch. Sie hat nämlich seit ____________________
____________________.
c Ihr Freund kann nicht ____________________.
Er hat nämlich ____________________.
d ____________________.
____________________.
e ____________________.
____________________.

KB 3 **3** **Markieren Sie wie im Beispiel, kreuzen Sie dann an und ergänzen Sie die Regel.**

STRUKTUREN ENTDECKEN

a Wegen ihres Mannes lebt Julie in Deutschland. Sie gibt Trommelkurse in Schulen.
b Wegen ihrer Trommelkurse hat sie eine Homepage, auf der Lehrer Informationen finden können und sie Erfahrungsberichte veröffentlicht.
c Wegen eines unbekannten Wortes in einem Erfahrungsbericht spricht sie eine Lehrerin an.
d Wegen der falschen Aussprache konnte die Lehrerin das Wort nicht verstehen.

GRAMMATIK

Die Präposition *wegen* steht zusammen mit
○ Akkusativ. ○ Dativ. ○ Genitiv.

wegen
- ________ Mann___
- ________ Wort___
- der Aussprache /
- ________ Trommelkurse___

KB 3 **4** **Schreiben Sie die Schlagzeilen anders.**

STRUKTUREN

a Wegen des Karnevals in Köln werden nächste Woche 1,5 Millionen Besucher erwartet.
In der nächsten Woche findet der Karneval in Köln statt.
Daher werden 1,5 Millionen Besucher erwartet. (daher)

b Wegen der mündlichen Prüfungen fällt der Unterricht in den nächsten beiden Tagen aus.
In den nächsten beiden Tagen finden mündliche Prüfungen statt.
______________________________. (deswegen)

c Wegen des Ferienbeginns am Montag müssen Sie mit zahlreichen Staus rechnen.
Sie müssen mit ______________________________.
______________________________. (nämlich)

d Wegen eines Produktionsfehlers müssen alle Herz-Medikamente kontrolliert werden.
Es gab ______________________________.
______________________________. (aus diesem Grund)

e Wegen des starken Exportgeschäfts steigt die Produktion.
Das Exportgeschäft ist ______________________________.
______________________________. (darum)

KB 5 **5** **Ordnen Sie zu. Nicht alle Wörter passen.**
Achten Sie auf Groß- und Kleinschreibung.

WÖRTER

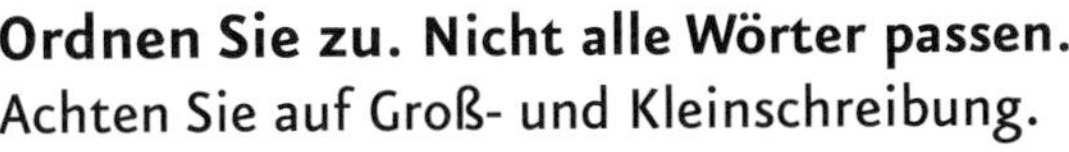

abfliegt | ankommt | augenblicklich | Beamter | besorgen | böse | Datei | Dialekt | durcheinander | erschrocken | Missverständnis | normalerweise | undeutlich | ~~zunächst~~

Als ich neulich meine Oma vom Flughafen abholen wollte, ist mir Folgendes passiert: Zunächst (a) wollte ich herausfinden, ob das Flugzeug pünktlich ____________ (b). Doch die Anzeigentafel zeigte nichts an. Die Durchsagen konnte ich auch nicht verstehen. Der Sprecher sprach nämlich sehr ____________ (c). Deshalb bin ich an den Schalter der Fluglinie gegangen. Ich fragte die Angestellte nach dem Flug meiner Oma. Doch sie sprach einen starken ____________ (d) und ich konnte fast nichts verstehen. Außerdem war es am Schalter ziemlich voll und alle redeten ____________ (e). Ich verstand in dem Lärm nur ein Wort: Absturz! ____________ (f) hatte ich ein Flugzeug vor Augen, das vom Himmel fällt. Ich bin wirklich ____________ (g). Als ich keine weiteren Informationen bekommen konnte, wurde ich total ____________ (h) und fragte noch einmal sehr laut nach. Plötzlich guckten mich alle an und es wurde still. Da habe ich gemerkt, dass es nicht um den Absturz eines Flugzeugs ging, sondern um den Absturz eines Programms. Die ____________ (i) war weg. Aus diesem Grund hatte die Angestellte keine Informationen. Das war so peinlich! ____________ (j) werde ich nie so laut. Aber ich war froh, dass sich das ____________ (k) so schnell aufgeklärt hatte. Ich habe meiner Oma natürlich sofort von der Geschichte erzählt. Wir haben später noch oft darüber gelacht.

KB 5 **6** **Ordnen Sie zu.**

KOMMUNIKATION

Also passt auf | Später haben meine Nachbarin und ich noch oft | Das war so peinlich | ~~Einmal~~ | Ich habe sofort gemerkt, dass | habe ich dann bemerkt

Ich erzähle euch von meinem Missverständnis. ______________________ (a): An meinem ersten Wohnort in Deutschland hatte ich eine sehr sympathische Nachbarin. Einmal (b) hat sie mich um vier Uhr zum Kaffee eingeladen. Ich habe mich so gefreut. Das war meine erste Einladung in Deutschland und deshalb habe ich schon um halb fünf an der Tür geklingelt. ______________________ (c) die Nachbarin sauer war. Ich wusste aber nicht warum. Erst später ______________________ (d), dass man in Deutschland pünktlich zu einer Einladung kommt. ______________________ ______________________ (e)! Bei uns kommt niemand pünktlich zu einer Einladung. ______________________ (f) darüber gelacht.

KB 5 **7** **Kulturelle Missverständnisse**

SPRECHEN

Machen Sie Notizen und erzählen Sie zu zweit die Geschichte.

a meinen portugisischen Kollegen und seine Frau zum Essen einladen ...
b Kollege mit Frau und Freunden kommen ...

a

b

c

d

e

f

KB 6 **8** **Lösen Sie das Rätsel und finden Sie das Lösungswort.**

WÖRTER

a Da bringe ich mein Geld hin. / Da sitze ich in der Sonne.
b So nennt man viele Menschen, die an der Kasse warten. / Das ist ein Tier.
c Unter ihm wasche ich meine Hände. / Das ist ein Tier.
d In sie beiße ich gern rein. / Sie bringt Licht in dunkle Räume.

a
b
c
d
Lösung:

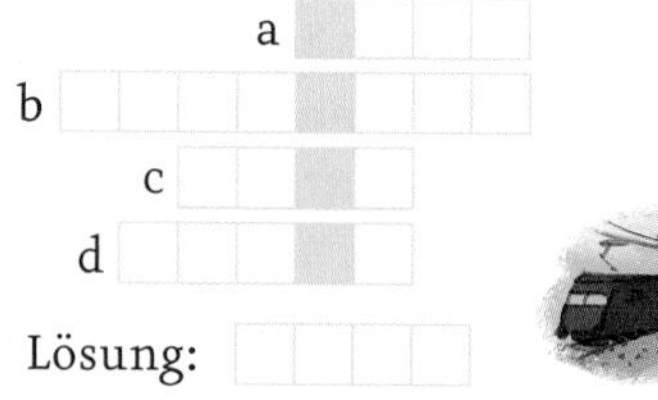

KB 7 **9** **Ergänzen Sie.**

KOMMUNIKATION

a ■ Entschuldigung. Sie spr________ leider sehr schn_____. Daher k_____ ich Sie nur schlecht v__________.
● Oh, das tut mir leid. Ich werde etwas l__________ sprechen.

b ■ Standesamt? Ich ________ das W_____ nicht. Könnten Sie mir das b________ e__________?
● Klar, das Standesamt ist der Ort, an dem man heiratet.

TRAINING: HÖREN

1 Das Valentin-Karlstadt-Musäum

Lesen Sie die Themen und die Aufgaben in 2. Um welche Themen geht es in den Aufgaben? Was ist richtig? Kreuzen Sie an.

a ◯ Veranstaltungen im Museum
  ⊗ Thema der Ausstellung
b ◯ Führung durch das Museum
  ◯ Ausstellungsbesuch alleine
c ◯ Organisatorisches zur Führung
  ◯ Startpunkt des Rundganges
d ◯ Vorschlag für einen gemeinsamen Ausflug
  ◯ Freizeittipp des Museumsführers

TIPP

Sie wissen nicht, welche Informationen bei längeren Hörtexten wichtig sind? Lesen Sie zunächst die Aufgaben genau und überlegen Sie: Um welche Themen geht es in den Aufgaben? Achten Sie dann beim Hören genau auf diese Themen.

▶ 2 02

2 Sie nehmen an einer Führung durch das Valentin-Karlstadt-Musäum teil.

Was ist richtig? Hören Sie und kreuzen Sie an.

a In den Ausstellungen zu Karl Valentin und Liesl Karlstadt erfahren Sie etwas über …
(1) Volkslieder.
(2) Witze und Sprachspiele.
(3) Fotografie und Malerei.

b Was zeigt der Museumsführer den Touristen?
(4) alle Dauerausstellungen
(5) die Ausstellungen zu Karl Valentin und Liesl Karlstadt
(6) die Volkssängerausstellung

c Wo treffen sich die Teilnehmer nach dem Rundgang?
(7) am Museumskiosk
(8) an der Garderobe
(9) vor dem Café „Turmstüberl“

d Der Museumsführer empfiehlt den Touristen …
(10) ein Restaurant.
(11) ein Konzert.
(12) ein Café.

TRAINING: AUSSPRACHE *Zusammenfassung Wortakzent*

▶ 2 03

1 Hören Sie und markieren Sie die betonte Silbe.

a der Hammer – der Nagel – der Dialekt – die Datei – schlagen – sprechen – peinlich – lustig
b der Leiter – der Kursleiter – der Anwalt – der Rechtsanwalt – das Amt – das Standesamt
c fliegen – abfliegen – fragen – nachfragen – klären – aufklären
d erschrecken – erklären – bedeuten – bemerken – verstehen – veröffentlichen

▶ 2 04 **Hören Sie noch einmal und sprechen Sie nach.**

TEST

1 Erfahrungen beim Sprachenlernen: Ordnen Sie zu.

Wörter

durcheinander | ~~Bedeutung~~ | Durchsagen | peinlich | Dialekt | deutliche | Missverständnissen

a Ich wusste, dass eine Schlange ein Tier ist. Jetzt habe ich noch eine Bedeutung gelernt. So nennt man auch die Leute, die vor einer Kasse warten.
b Wenn alle in einem Gespräch ______________________ reden, verstehe ich nichts mehr.
c Ich habe schon öfter neue Wörter erfunden, die es leider nicht gibt. Das war manchmal wirklich ______________________.
d Nachdem ich in Norddeutschland gelebt hatte, bin ich in den Süden nach Stuttgart gezogen. Den ______________________ dort habe ich zuerst überhaupt nicht verstanden.
e Es gibt Wörter, die kann ich nicht aussprechen. Jedes Mal kommt es zu ______________________.
f Ich unterhalte mich am liebsten mit Menschen, die eine ______________________ Aussprache haben. Dann verstehe ich alles.
g Ich habe einmal meinen Flug verpasst, weil ich die ______________________ am Flughafen nicht verstanden habe.

_ / 6 Punkte

2 Was ist richtig? Markieren Sie.

Strukturen

Ich möchte in Deutschland studieren, darum / wegen (a) gehe ich seit ein paar Wochen in einen Deutschkurs. Das macht Spaß! Nur deswegen / wegen (b) der komplizierten Grammatik mache ich oft Fehler. Im Deutschen gibt es drei Artikel. Das finde ich komisch, im Spanischen haben wir nämlich / wegen (c) nur „el" und „la". Auch das Verb steht im Deutschen im Nebensatz an einer anderen Position, daher / nämlich (d) am Ende. Und wie spricht man den Buchstaben „b" richtig aus? Wegen / Darum (e) meiner Aussprache müssen immer alle lachen. Aber die anderen haben ähnliche Probleme, die können zum Beispiel kein „ü" sagen. Nämlich / Daher (f) ist es sehr lustig in unserem Kurs.

_ / 5 Punkte

3 Missverständnisse: Ordnen Sie zu.

Kommunikation

In meiner Sprache | Da habe ich gemerkt | Wir haben noch | Dann haben alle laut | Folgendes habe ich | Das war so

______________________ (a) erlebt: Wir haben in unserem Deutschkurs eine Grillparty gemacht. Ich hatte Würste mitgebracht. Als sie fertig gegrillt waren, rief ich laut: „Kommt her, ich habe die Bürste gegrillt." Zuerst haben mich meine Kurskollegen komisch angeschaut. ______________________ (b) gelacht. ______________________ (c) peinlich! ______________________ (d), dass ich mal wieder „b" und „w" verwechselt hatte. ______________________ (e) ist die Aussprache nämlich anders. ______________________ (f) den ganzen Abend Witze darüber gemacht.

_ / 6 Punkte

Wörter		Strukturen		Kommunikation	
●	0–3 Punkte	●	0–2 Punkte	●	0–3 Punkte
●	4 Punkte	●	3 Punkte	●	4 Punkte
●	5–6 Punkte	●	4–5 Punkte	●	5–6 Punkte

www.hueber.de/menschen/lernen

LERNWORTSCHATZ

1 Wie heißen die Wörter in Ihrer Sprache? Übersetzen Sie.

Sprachliches
Bedeutung die, -en
Dialekt der, -e
Durchsage die, -n
Missverständnis das, -se

folgen, ist gefolgt
einem Gespräch folgen
missverstehen, hat missverstanden

deutlich ⟷ undeutlich
durcheinander
durcheinander reden

peinlich

Gründe und Folgen
aus diesem Grund
deswegen
wegen

Weitere wichtige Wörter
Amt das, ¨-er
Standesamt das, ¨-er
Anwalt der, ¨-e
Rechtsanwalt der, ¨-e
Bank die, ¨-e/-en
Beamte der, -n
Briefträger der, -
CH: auch: Pöstler der, -
Datei die, -en
Flug der, ¨-e
Kursleiter der, -
Nagel der, ¨-

ab·fliegen, ist abgeflogen
beißen, hat gebissen
besorgen, hat besorgt
erschrecken, du erschrickst, er erschrickt, ist erschrocken

augenblicklich
A: auch: sofort
böse

2 Welche Wörter möchten Sie noch lernen? Notieren Sie.

Die Teilnahme ist auf eigene Gefahr.

KB 3 **1** WÖRTER

Schreiben Sie die Wörter richtig.

Ⓐ Grundlagen **(genGrundla) (1) des Internets für __________ (renioSen) (2)**
- technische __________ (setzausungVoren) (3) für einen Internetzugang
- die wichtigsten __________ (tuakenell) (4) Computerprogramme kennenlernen
- kostenlose __________ (rewaSoft) (5) aus dem Internet __________ (denunterlaher) (6)
- eigene Fotos ins Internet __________ (hochdenla) (7)
- Sicherheit im Internet

Keine Vorkenntnisse __________ (notigwend) (8).

Ⓑ **Internet**

Das Internet ist __________ (chrei) (1) an __________ (keitlichenMög) (2), aber es gibt auch viele Risiken. In unserem Vortrag klären wir Sie über mögliche __________ (Gefenahr) (3) auf und sagen Ihnen, was man dagegen tun kann.

Ⓒ **Kommunikation**

Sie möchten einen guten ersten __________ (druckEin) (1) machen? Man soll Ihnen gern __________ (hörzuen) (2)? __________ (emAt) (3), __________ (meStim) (4) und Körpersprache spielen bei der Kommunikation eine wichtige Rolle. __________ (deckEnten) (5) Sie mit spielerischen Übungen, wie Sie besser kommunizieren können.

Ⓓ **Nähkurs**

Nähen Sie eine wunderbare Decke aus __________ (restStoffen) (1). Sie brauchen kein besonderes __________ (entalT) (2), sondern nur __________ (eerSch) (3), __________ (aNeld) (4) und ein bisschen __________ (sietaFan) (5).

KB 3 **2** LESEN

Wählen Sie aus 1 passende Kurse für die Personen aus. Für zwei Personen gibt es keinen Kurs. In diesem Fall notieren Sie X.

a Leonie ist sehr kreativ und macht gern Sachen selbst. D
b Peter hat ein Praktikum gemacht und sucht eine neue Arbeitsstelle. Dafür braucht er bessere Computerkenntnisse. ____
c Holger hat schon oft mit seiner Kreditkarte im Internet etwas gekauft. Er möchte wissen, welche Sicherheitsregeln er dabei beachten muss. ____
d Frau Krause hat von ihren Enkeln einen Computer bekommen. Sie hat keine Computerkenntnisse. ____
e Frau Lohner möchte gern in einem Nähkurs lernen, wie sie ihre Kleidung selbst ändern kann. ____
f Jochen ist Verkaufsleiter. Er muss viel mit Kunden und Kollegen sprechen. Er möchte dabei überzeugender sein. ____

BASISTRAINING

KB 3

3 Ergänzen Sie und vergleichen Sie. Hilfe finden Sie in den Texten in 1.

Wörter

Deutsch	Englisch	Meine Sprache oder andere Sprachen
a die Fantasie	fantasy	
b	software	
c	talent	
d	to upload	
e	to download	

KB 3

4 Der ankommende Zug

Strukturen entdecken

a Ordnen Sie zu.

malende | operierende | ~~ankommende~~ | kochende | operierte | gekochte | angekommene | gemalte

1 

der ankommende Zug

3 

das ________ Kind

5 

das ________ Wasser

7 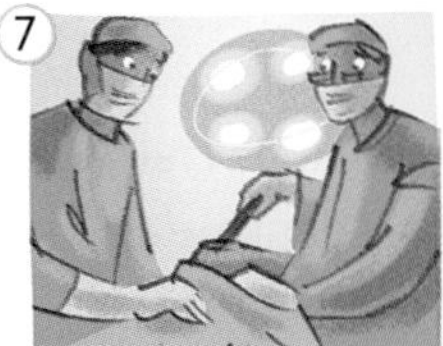

der ________ Arzt

2 

der ________ Zug

4 

das ________ Bild

6 

das ________ Ei

8 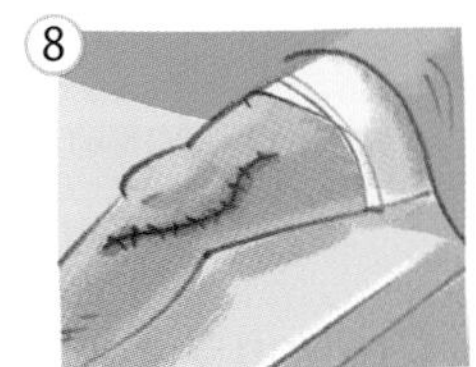

das ________ Knie

b Was verwendet man wann? Kreuzen Sie an.

Grammatik

	Partizip Präsens (*malend*)	Partizip Perfekt (*gemalt*)
Etwas passiert gerade.	○	○
Etwas ist passiert. / wurde gemacht.	○	○

KB 3

5 Chaos im Kursbüro: Partizip Präsens oder Partizip Perfekt?

Strukturen

Was ist richtig? Kreuzen Sie an.

a Im Büro gibt es nur einen ○ funktionierten ⊗ funktionierenden Computer.

b Die Sekretärin findet die ○ ausgefüllten ○ ausfüllenden Anmeldeformulare nicht mehr.

c Die Schlange der ○ gewarteten ○ wartenden Kunden wird immer länger.

d Ein Mann regt sich über eine laut ○ telefonierte ○ telefonierende Frau auf.

BASISTRAINING

KB 3 **6** **Ergänzen Sie die Adjektivendungen.**

WIEDERHOLUNG STRUKTUREN

Die perfekte (a) Einladung

Sie möchten bei Ihren Gästen einen bleibend_______ (b) Eindruck hinterlassen?
In diesem Kurs lernen Sie alles, was für einen gelungen_______ (c) Abend wichtig ist.
Ein schön gedeckt_______ (d) Tisch und gut_______ (e) Essen sind wichtig_______ (f) Voraussetzungen.
Wir beschäftigen uns auch mit Fragen wie: Welcher Wein passt zu gebraten_______ (g) Fleisch oder gegrillt_______ (h) Fisch? Die Vorbereitungen fangen aber schon viel früher an, nämlich mit einer passend_______ (i) Einladung. Auch darüber werden wir im Kurs sprechen. Sie werden sehen, Ihre Gäste werden beim nächst_______ (j) Mal begeistert sein.

KB 3 **7** **Partizip Präsens oder Partizip Perfekt? Ergänzen Sie in der richtigen Form.**

STRUKTUREN

Liebe Frau Wolf,
danke, dass Sie mich in meinem laufenden (laufen) (a) Italienisch-Anfängerkurs vertreten.
Hier noch ein paar Hinweise: Schreiben Sie bitte die _______________ (fehlen) (b) Studenten in die Kursliste. Geben Sie bitte die _______________ (korrigieren) (c) Tests zurück. Die Tests und die _______________ (kopieren) (d) Arbeitsblätter für die nächste Stunde finden Sie auf meinem Schreibtisch. _______________ (passen) (e) Übungen gibt es natürlich auch im Arbeitsbuch. _______________ (kommen) (f) Woche bin ich wieder da.
Vielen Dank und viel Spaß! ☺

KB 5 **8** **Ordnen Sie zu.**

KOMMUNIKATION

sind für alle | Sie möchten | praktisch üben | ~~Sie interessieren~~ | haben Sie die Möglichkeit | Sie brauchen | Vorkenntnisse notwendig | lernen Sie

Sie interessieren (a) sich für Kultur? _______________ (b) einen Yoga-Kurs machen? _______________ (c) Hilfe bei Geldfragen?
Bei uns an der Volkshochschule _______________ (d), in über 300 Kursen und Vorträgen etwas zu lernen. Unsere Kurse _______________ (e), die sich auch in der Freizeit gern sinnvoll beschäftigen. Oft sind keine Erfahrungen oder _______________ (f). Warten Sie nicht zu lange mit der Anmeldung. Einige Kurse sind schon jetzt ausgebucht.

Achtung neu!
Sie sind beim Autofahren gestresst und unsicher? Bei unserem Fahrkurs _______________ (g) auf einem Trainingsplatz, wie man in schwierigen Situationen reagiert. Ganz _______________ (h) wir, wie man rückwärts einparkt und vieles mehr.

TRAINING: SCHREIBEN

1 Sich in einer (halb-)formellen E-Mail entschuldigen und Gründe nennen

a Lesen Sie die Situation und dann die Sätze 1–4. Welcher Satz ist für die Situation passender und höflicher? Kreuzen Sie an.

Sie haben am Mittwoch einen Termin mit Ihrer Bankberaterin Frau Küng. Sie können aber nicht kommen, weil Sie beruflich verreisen müssen. Sie kennen Frau Küng schon länger, daher haben Sie ihr eine halbformelle E-Mail geschrieben.

1 ◯ Liebe Frau Küng,
  ◯ Hallo,
2 ◯ ich komme am Mittwoch nicht. Ich bin auf Dienstreise.
  ◯ ich kann am Mittwoch wegen einer Dienstreise leider nicht zu unserem vereinbarten Termin kommen. Bitte entschuldigen Sie.
3 ◯ Der Termin passt mir nicht. Wir verschieben ihn auf nächste Woche.
  ◯ Könnten wir einen neuen Termin vereinbaren? Wann würde es Ihnen passen?
4 ◯ Mit freundlichen Grüßen
  ◯ Bis dann

TIPP
Sie müssen eine E-Mail oder einen Brief auf Deutsch schreiben? Achten Sie genau darauf, wem Sie schreiben. Kennen Sie die Person schon oder noch nicht? Verwenden Sie eine passende Anrede und Grußformel. Schreiben Sie in (halb-)formellen E-Mails oder Briefen in der Sie-Form und achten Sie auf höfliche Formulierungen. Wenn Sie einen Termin absagen oder verschieben, sollten Sie auch einen Grund dafür nennen.

b Schreiben Sie eine E-Mail. Vergessen Sie nicht die Anrede und die Grußformel am Schluss.

Sie sind Teilnehmerin/Teilnehmer eines Sprachkurses. In der kommenden Woche sollen Sie eine Präsentation halten. Sie können aber nicht zum Kurs kommen und möchten Ihre Präsentation verschieben. Schreiben Sie Ihrem Kursleiter Herrn Seiler. Entschuldigen Sie sich höflich und erklären Sie, warum Sie nicht kommen können. Schlagen Sie einen neuen Termin für die Präsentation vor.

Lieber Herr Seiler,

TRAINING: AUSSPRACHE *Vokale „a", „ä", „e"*

1 Ergänzen Sie „a", „ä" oder „e".

Entd_e_cken Sie Ihre Tal__nte und m__lden Sie sich __n: zum Beispiel zu einem N__hkurs. Dort l__rnen Sie, wie Sie aus R__sten schicke J__cken n__hen. N__deln und Sch__ren bitte s__lbst mitbringen. Oder m__chen Sie g__rn Sport? Dann kl__ttern Sie mit uns. __chtung: Die Teiln__hme am Kl__tterkurs ist auf eigene Gef__hr. Wir übern__hmen keine H__ftung bei Unf__llen.

▶ 2 05

2 Hören Sie und vergleichen Sie in 1.

Achten Sie besonders auf „a", „ä" und „e". Was ist richtig? Kreuzen Sie an. Sprechen Sie dann den Text aus 1.

REGEL
Die Vokale „a" und „ä" klingen oft gleich. ◯
Die Vokale „ä" und „e" klingen oft gleich. ◯

TEST

WÖRTER

1 Sommerkurse: Es sind noch Plätze frei! Ordnen Sie zu.

Atem | ~~Kunst~~ | Schere | Bewegung | Software | Voraussetzung | Bildung | Teilnehmern | Senioren

Kunst **(a) & Kultur**
Nähen statt kaufen. Wir nähen eine schicke Bluse. ______________________ (b) sind Grundkenntnisse im Nähen. Bitte ______________________ (c) mitbringen.
Körper & ______________________ (d)
Singen ist gesund! Lernen Sie, wieder auf Ihren ______________________ (e) und Ihre Stimme zu achten. Der Kurs findet ab neun ______________________ (f) statt.
Berufliche ______________________ **(g) & Computer**
Alt lernt von Jung. Jugendliche erklären ______________________ (h), wie man E-Mails schreibt oder mit welcher ______________________ (i) man seinen PC schützen kann.

_ / 8 PUNKTE

STRUKTUREN

2 Was hast du in den Ferien gemacht? Ergänzen Sie in der richtigen Form.

Ich wollte an der Uni ein paar vorbereitende (vorbereiten) (a) Kurse besuchen, da ich in Französisch meine ______________________ (fehlen) (b) Kenntnisse auffrischen muss. Leider gab es keinen ______________________ (passen) (c) Kurs. Zufällig habe ich im Internet das ______________________ (umfassen) (d) Sommerprogramm gesehen und dann an einem Nähkurs teilgenommen. Das hat viel Spaß gemacht, ich bin so stolz auf meine selbst ______________________ (nähen) (e) Bluse.
Später habe ich noch einen Kochkurs belegt. Wir haben ______________________ (braten) (f) Nudeln mit ______________________ (auswählen) (g) exotischen Kräutern zubereitet. Das war lecker! Hast Du ______________________ (kommen) (h) Freitag Zeit? Dann können wir das Rezept mal zusammen ausprobieren.

_ / 7 PUNKTE

KOMMUNIKATION

3 Online-Deutschkurse: Ergänzen Sie.

Sie _ ö _ _ _ _ _ (a) Ihr Deutsch verbessern und i _ _ _ _ _ ss _ _ r _ _ s _ _ _ (b) für einen Online-Intensivkurs? Diese K _ _ se sind für a _ _ _ (c), die sich auf einen Aufenthalt in Deutschland vorbereiten. S _ _ l _ _ n _ _ (d) nicht nur neue Wörter und Grammatik, sondern üben auch Ihr Hör- und Textverständnis.
_ _ ß _ _ d _ _ haben Sie die M _ g _ _ _ _ k _ _ _ (e), in Chats und Foren andere Deutschlerner zu treffen.
Für Teilnehmer mit V _ _ k _ _ _ _ _ _ _ ss _ n (f) auf der Niveaustufe A2.

_ / 6 PUNKTE

Wörter	Strukturen	Kommunikation
● 0–4 Punkte	● 0–3 Punkte	● 0–3 Punkte
● 5–6 Punkte	● 4–5 Punkte	● 4 Punkte
● 7–8 Punkte	● 6–7 Punkte	● 5–6 Punkte

www.hueber.de/menschen/lernen

LERNWORTSCHATZ

1 Wie heißen die Wörter in Ihrer Sprache? Übersetzen Sie.

Kursangebote

Atem der __________
Eindruck der, ¨-e __________
Erwachsenenbildung die __________
Fantasie die, -n __________
Gefahr die, -en __________
Geschmack der, ¨-er __________
Gewürz das, -e __________
Grundlage die, -n __________
Kultur die, -en __________
Möglichkeit die, -en __________
Nadel die, -n __________
Rest der, -e __________
Richtung die, -en __________
Geschmacks-/Stil-/Himmelsrichtung die, -en __________
Schere die, -n __________
Senior der, -en __________
Software die __________
Stimme die, -n __________
Talent das, -e __________

Teilnehmer der, - __________
Voraussetzung die, -en __________

entdecken, hat entdeckt __________
laden, du lädst, er lädt, hat geladen __________
herunter-/hochladen __________
zu·hören, hat zugehört __________

aktuell __________
notwendig __________
reich __________
reich sein an __________

Weitere wichtige Wörter

rückwärts __________
staatlich __________

einig- __________

2 Welche Wörter möchten Sie noch lernen? Notieren Sie.

Schön, dass Sie da sind.

KB 4 **1** **Was passt nicht? Streichen Sie das falsche Wort durch.**

WÖRTER

a	~~eine Tür~~ – ein Konto – ein Geschäft – eine Ausstellung	eröffnen
b	Software – Produkte – Computerspiele – Fortschritte	entwickeln
c	ein Team – ein Kind – einen Kunden – einen Job	betreuen
d	jemandem eine Aufgabe – Kleidung – ein Projekt – Verantwortung	übertragen
e	eine Stelle – Überstunden – eine Bestellung – eine Einladung	annehmen

KB 4 **2** **Ergänzen Sie die Stellenanzeigen.**

WÖRTER

Studenten/-innen aufgepasst:
Online-Shop sucht Mitarbeiter (m/w)
für die Späts c h i c h t (a) (16.00 – 22.00 Uhr)
Aufgabe: einzelne Pakete von Hand verpacken
Mehr Informationen unter der R _ fn _ m _ er (b):
0351/79 23 457

Führendes U _ t _ r _ e _ m _ n (c) der Papierind _ str _ e (d) sucht Praktikant/in für Public Relations / Öffentlichkeitsarbeit

Aufgaben:
- R _ ch _ r _he (e) aktueller Berichte aus der P _ e _ se (f)
- Erledigung a _ lg _ me _ ner (g) Bürotätigkeiten

Voraussetzungen:
- s _ c _ ere (h) Beherrschung der MS-Office-Programme und anderer moderner K _ mm _ n _ kat _ onsm _ tt _l (i)
- sehr gute Deutsch- und Englischkenntnisse in W _ r _ und S _ h _ ift (j)

Bewerbung mit den ü _ li _ hen (k) Unterlagen bis 15. August

KB 4 **3** **Was passt? Verbinden Sie.**

STRUKTUREN

a Wir suchen sowohl für unser Werk in Hamburg
b Sie können nicht nur gut organisieren,
c Der Bewerber sollte sowohl Englisch
d Wir suchen sowohl für die Entwicklungsabteilung
e Bei uns bekommen Sie nicht nur ein hohes Gehalt,
f Für Sie ist nicht nur ein gutes Betriebsklima,

sondern sind auch teamfähig.
als auch für die Buchhaltung Mitarbeiter.
sondern wir bieten auch einen sicheren Arbeitsplatz.
sondern auch eine interessante Tätigkeit wichtig.
als auch für das in Stuttgart Mitarbeiter.
als auch Französisch sprechen.

KB 4 STRUKTUREN

4 **Ergänzen Sie *sowohl … als auch* oder *nicht nur … sondern auch*.**
Manchmal gibt es zwei Lösungen.

So entwickelt sich der Arbeitsmarkt

Die Zahl der Stellenanzeigen ist in diesem Jahr nicht nur für Ingenieure leicht gesunken, __________ es gibt __________ (a) weniger Angebote für Informatiker. Das zeigte eine Untersuchung, die __________ Stellenanzeigen in Tageszeitungen, __________ (b) Angebote im Internet berücksichtigte.
Allerdings haben __________ Ingenieure __________ (c) Informatiker immer noch sehr gute Chancen auf dem Arbeitsmarkt.
Ebenso werden zurzeit Handwerker gesucht. In einzelnen Handwerksberufen herrscht __________ ein großer Mangel an Auszubildenden, __________ es fehlen __________ (d) ausgebildete Mitarbeiter.

KB 4 STRUKTUREN

5 **Meine Qualifikation und meine Stärken**
Schreiben Sie Sätze mit *nicht nur … sondern auch* und *sowohl … als auch*.

a Ich / Kunden betreut haben / ein Team geleitet haben
Ich habe nicht nur Kunden betreut, sondern auch ein Team geleitet.
Ich habe sowohl Kunden betreut als auch ein Team geleitet.

b Ich / kontaktfreudig sein / zuverlässig sein
__________.
__________.

c Ich / gut / zurechtkommen / mit Kunden / mit Kollegen
__________.
__________.

d Ich / Erfahrung mit Datenbanken gesammelt haben / programmieren gelernt haben
__________.
__________.

e Ich / allgemeine Texte / Fachartikel übersetzen können
__________.
__________.

KB 5 **6 Typische Formulierungen für Bewerbungsschreiben: Ordnen Sie zu.**

SCHREIBEN

a Sehr geehrte (5)
b mit großem Interesse habe ich ○
c Da die Beschreibung meinen Vorstellungen ○
d Ich habe meine Ausbildung ○
e Danach habe ich ○
f Es gehörte ○
g Dabei habe ich gemerkt, dass ○
h Es fällt mir ○
i Ich beherrsche sowohl ○
j Daher kann ich mir ○
k Sollten Sie ○
l Über eine Einladung ○

1 zur Bürokauffrau mit der Note „sehr gut" abgeschlossen.
2 leicht, mehrere Aufgaben gleichzeitig zu erledigen.
3 Deutsch als auch Englisch.
4 zu meinen Aufgaben, die Rechnungen zu schreiben.
5 Damen und Herren,
6 noch Fragen haben, melden Sie sich bitte.
7 erste Erfahrungen mit Datenbanken gesammelt.
8 zu einem persönlichen Gespräch würde ich mich sehr freuen.
9 Ihre Anzeige gelesen.
10 gut vorstellen, in einem internationalen Unternehmen zu arbeiten.
11 entspricht, bewerbe ich mich hiermit um diese Stelle.
12 ich gern im Team arbeite.

KB 5 **7 Formulieren Sie die unterstrichenen Teile formeller.**
Verwenden Sie dafür die Satzteile aus 6 und schreiben Sie die Bewerbung neu.

SCHREIBEN

Bewerbung um die Stelle als Call-Center-Agent

Liebe Damen und Herren,
ich finde Ihre Anzeige für einen Call-Center-Agenten auf Ihrer Internetseite super. Da die Stellenbeschreibung passt, schreibe ich Ihnen. Vor zwei Jahren bin ich mit meiner kaufmännischen Ausbildung bei der Firma Müller und Söhne fertig geworden. Danach habe ich im Call-Center einer Bank gearbeitet und schon gesehen, wie die Arbeit mit Datenbanken ist. Ich musste die Bankkunden betreuen und dabei Fragen zu Konten und Kreditkarten beantworten und Termine vereinbaren.
Jetzt ist mir klar, dass ich sehr gut mit Kunden zurechtkomme. Für mich ist es nicht schwer, auch unter Zeitdruck sorgfältig zu arbeiten. Ich kann sowohl Deutsch als auch Polnisch in Wort und Schrift, weil ich zweisprachig aufgewachsen bin. Daher mag ich die Idee, polnisch-sprachige Kunden zu betreuen.
Wenn Sie noch etwas wissen wollen, melden Sie sich bitte bei mir.
Es wäre toll, wenn Sie mich zu einem persönlichen Gespräch einladen würden.
Mit freundlichen Grüßen

Yannik Kaiser

Anlagen: Lebenslauf, Zeugnisse

Sehr geehrte Damen und Herren,
mit großem Interesse habe ich Ihre Anzeige …

KB 8 **8** **Ein Bewerbungsgespräch: Ordnen Sie zu.**

KOMMUNIKATION

Setzen Sie | melden uns | verschiedenen Bereichen | viele Möglichkeiten habe | ~~Sie da sind~~ | die Einladung zum Gespräch | angeschaut und gesehen | mich weiterentwickeln | Neues machen

- ■ Guten Tag, Herr Stöhr. Schön, dass Sie da sind (a).
- ▲ Guten Tag, Frau Möller. Danke für ______________________ (b).
- ■ Hier bitte. ______________________ (c) sich doch! … Sie haben gerade Ihre Ausbildung als Hotelfachmann im Hotel Rose abgeschlossen. Erzählen Sie doch mal, was haben Sie in Ihrer Ausbildung alles gemacht?
- ▲ Ziemlich viel, ich konnte in vielen ______________________ (d) Erfahrungen sammeln. Ich habe mich um die Zimmer gekümmert, war an der Rezeption, im Restaurant und im Büro.
- ■ Warum bleiben Sie nicht im Hotel Rose?
- ▲ Ich möchte gern etwas ______________________ (e) und ______________________ (f). Ich würde auch gern ein größeres Hotel kennenlernen. Ich habe mir Ihr Hotel im Internet ______________________ (g), dass bei Ihnen viele Konferenzen stattfinden. Das interessiert mich sehr. Ich denke, dass ich bei Ihnen ______________________ (h), mich weiterzuentwickeln. …
- ■ Gut, Herr Stöhr, wir ______________________ (i) bei Ihnen.

KB 9 **9** **Lösen Sie das Rätsel und finden Sie das Lösungswort.**

WÖRTER

Lösung: ↓ (Spalte 11)

a			S	S			S	C	H	A					R	
b	P											R				
	c	S	O					A		B					R	
			d	P		Ä						T				
								e	D	I						
				f	B										R	
								g	R							R
				h	U	N								E	R	

Lösung:
In allen Berufen muss man ____________.

Diese Person …

- a arbeitet zum Beispiel als Professor an der Universität oder in einem Labor.
- b gibt in der Schule Unterricht in einer Naturwissenschaft.
- c kümmert sich um Menschen, die in einer schwierigen Situation sind.
- d ist der Staatschef.
- e schreibt Literatur, vor allem Theaterstücke und Gedichte.
- f bringt die Post.
- g berichtet in der Presse, im Radio und Fernsehen z.B. über Sport, Politik und Kultur.
- h besitzt eine eigene Firma.

TRAINING: SPRECHEN

1 Sich vorstellen: Welches Thema passt? Ordnen Sie zu.

~~Auslandserfahrung~~ | Beruf/Berufserfahrung | Hobbys | Heimatland | Sprachkenntnisse | Wohnsituation | Ausbildung/Studium | Familie

a		Ich komme aus … Das liegt im Süden/Norden/… von …
b		Ich wohne jetzt in … / allein. / bei meinen Eltern. / in einer WG. / mit meiner Familie / mit meinem Freund / meiner Freundin zusammen. Ich wohne in der Stadt. / auf dem Land.
c		Ich bin ledig/verheiratet/geschieden. Ich habe … / (keine) Kinder. / Geschwister. Meine Familie lebt in …
d		Ich habe in Deutschland/… Physik/… studiert. Ich habe meine Ausbildung abgeschlossen. Ich studiere noch. Mein Studium dauert noch … Jahre. Ich habe bei einer Firma ein Praktikum (in der … -Abteilung) gemacht.
e		Zurzeit arbeite ich (noch) als … bei Firma … Zuletzt habe ich als … gearbeitet. Dabei habe ich …
f	Auslandserfahrung	Ich habe noch nie in einem anderen Land gelebt. Ich habe … Jahre/Monate in … gelebt/gearbeitet/studiert. Ich lebe schon zwei Jahre … / erst zwei Monate /… in Deutschland/…
g		Ich lerne seit … Deutsch. Ich habe in … (Stadt/Land) an der Schule/Sprachschule/Universität … Deutsch gelernt. Ich spreche auch ein bisschen / gut …
h		In meiner Freizeit … ich gern … Meine Hobbys sind …

2 Spielen Sie mit Ihrer Partnerin / Ihrem Partner die Situationen.
Wählen Sie passende Themen aus 1. Tauschen Sie dann die Rollen.

a Beim Bewerbungsgespräch

A
Sie sind zu einem Bewerbungsgespräch eingeladen.
Stellen Sie sich vor. Antworten Sie auf die Fragen der Personalchefin / des Personalchefs.

B
Sie sind Personalchefin/Personalchef.
Führen Sie ein Bewerbungsgespräch.
Stellen Sie der Bewerberin / dem Bewerber Fragen.

TRAINING: SPRECHEN

b In der WG

A
Sie wohnen in einer WG und haben ein Zimmer frei. Sie möchten die Interessentin / den Interessenten genauer kennenlernen. Stellen Sie Fragen.

B
Sie sind in einer WG und haben sich ein Zimmer angeschaut. Das Zimmer gefällt Ihnen. Sie möchten gern einziehen.
Stellen Sie sich vor.

c Am neuen Arbeitsplatz

A
Es ist Ihr erster Arbeitstag in einer deutschen Firma. Sie lernen Ihre Kollegin / Ihren Kollegen kennen. Stellen Sie sich vor und erzählen Sie über sich.

B
Sie arbeiten in einer deutschen Firma. Eine neue Kollegin / Ein neuer Kollege stellt sich vor. Stellen Sie sich auch vor und fragen Sie nach.

TIPP
In vielen Situationen muss man sich vorstellen, z.B. bei einem Bewerbungsgespräch, am ersten Arbeitstag in der neuen Firma oder bei Prüfungen.
Sie möchten bei der Vorstellung einen guten Eindruck machen? Hören Sie Ihrer Gesprächspartnerin / Ihrem Gesprächspartner zu. Antworten Sie nicht zu kurz. Lernen Sie passende Sätze auswendig.

TRAINING: AUSSPRACHE *Deutsche Wörter und Fremdwörter mit „g" und „j"*

1 Wie schreibt man diese Wörter? Ergänzen Sie „j" oder „g".

a J ahr – ___etzt – Anzei___e – an___enehm
b Pro___ekt – Kolle___e – A___ent – ___este
c In___enieur – ___ournalist
d ___ob – ___eans – Mana___er

▶ 2 06 **Wie spricht man diese Wörter? Hören Sie und sprechen Sie nach.**

▶ 2 07 **2 Hören Sie und sprechen Sie dann.**

Anzeigen gelesen:
Job gefunden,
wie angenehm!
Jetzt als Manager
in der Welt unterwegs.
Interessante Projekte
mit netten Kollegen.
Ja, das ist ideal!

TEST

1 Ordnen Sie zu.

WÖRTER

Industrie | ~~Unternehmen~~ | Schrift | Pressemeldungen | Recherche | Kommunikationsmitteln

Wir sind ein führendes *Unternehmen* (a) der chemischen ______________ (b).
Für unser Büro in Genf suchen wir schnellstmöglich einen Mitarbeiter für die PR-Abteilung.
Ihre Aufgaben: Sie schreiben ______________ (c), organisieren Konferenzen und sind für die ______________ (d) von Nachrichten zuständig.
Voraussetzungen: Wir erwarten französische Sprachkenntnisse in Wort und ________ (e) und einen sicheren Umgang mit modernen ______________ (f).

_ / 5 PUNKTE

2 Wir erfinden Autos für die Zukunft! Schreiben Sie Sätze.

STRUKTUREN

a nicht nur ..., sondern auch ... / Wir / das Aussehen von Autos verbessern / neues Benzin entwickeln
b sowohl ... als auch / Wir / Wissenschaftler / Künstler / sein
c nicht nur ..., sondern auch ... / ich / Zum Glück / meine Zeit am Schreibtisch verbringen / oft in der Werkstatt sein
d Sowohl ... als auch / mein Chef / meine Kollegen / sehr nett sein
e nicht nur ..., sondern auch ... / Ich / spannende Aufgaben haben / gut verdienen

a Wir verbessern nicht nur das Aussehen von Autos, sondern entwickeln auch neues Benzin.

_ / 4 PUNKTE

3 Ergänzen Sie den Brief.

KOMMUNIKATION

Sehr geehrte Damen und Herren,
mit g _ _ _ _ _ _ n _ _ _ _ ss _ (a) habe ich Ihre Stellenanzeige gelesen und ich bewerbe mich hiermit um die Stelle als Mediengestalter. Ich habe mei _ _ Aus _ _ _ _ _ _ _ als Tontechniker mit der Note 1,5 ab _ _ s _ _ l _ _ _ e _ (b). Danach habe ich zwei Jahre bei einer Firma für moderne Kommunikationsmittel gearbeitet und e _ _ te E _ f _ _ _ _ _ g _ _ _ es _ _ _ _lt (c). Es ge _ ö _ t _ _ u me _ _ e _ _ uf _ _ b _ _ (d), die Musikproduktion für Radiowerbung zu betreuen. Ich b _ h _ rr _ _ _ _ (e) alle notwendigen Software-Programme. Es hat mir S _ _ ß ge _ a _ _ t (f), in einem Team zu arbeiten und ich kann m _ r gu _ vo _ s _ _ ll _ _ (g), in Zukunft für eigene Projekte verantwortlich zu sein.
Über eine Ei _ _ _ d _ _ _ zu einem pe _ _ ö _ _ _ _ _ en _ esp _ ä _ _ (h) würde ich mich sehr freuen.

_ / 8 PUNKTE

Wörter	Strukturen	Kommunikation
0–2 Punkte	0–2 Punkte	0–4 Punkte
3 Punkte	3 Punkte	5–6 Punkte
4–5 Punkte	4 Punkte	7–8 Punkte

www.hueber.de/menschen/lernen

LERNWORTSCHATZ

1 Wie heißen die Wörter in Ihrer Sprache? Übersetzen Sie.

Bewerbung und Beruf

Betreuung die ______
betreuen, hat betreut ______
Dichter der, - ______
Industrie die, -n ______
Mittel das, - ______
Kommunikationsmittel das, - ______
Physik die ______
Physiklehrer der, - ______
Präsident der, -en ______
Presse die ______
Pressemeldung die, -en ______
Recherche die, -n ______
Reporter der, - ______
Rufnummer die, -n ______
CH: Telefonnummer die, -n
Schicht(arbeit) die, -en ______
Schrift die, -en ______
in Wort und Schrift ______
Sozialarbeiter der, - ______
Unternehmen das, - ______
Unternehmer der, - ______
Wissenschaftler der, - ______
A/CH: auch: Wissenschafter der, -

an·nehmen, du nimmst an, er nimmt an, hat angenommen ______
ein·stellen, hat eingestellt ______
entwickeln, hat entwickelt ______
übertragen, du überträgst, er überträgt, hat übertragen ______
veröffentlichen, hat veröffentlicht ______

allgemein ______
bisher ______
einzeln ______
sicher ______
üblich ______

Weitere wichtige Wörter

Abschnitt der, -e ______
Acht geben ______
A: aufpassen
CH: auch: aufpassen
Fleck der, -e ______
Jeans die (Pl.) ______
Konto das, Konten ______

an·haben ______

nicht nur … sondern auch ______
sowohl … als auch ______

2 Welche Wörter möchten Sie noch lernen? Notieren Sie.

WIEDERHOLUNGSSTATION: WORTSCHATZ

1 Wie begrüßt man sich in Österreich? Lösen Sie das Rätsel.

a GESPRÄCH
b _ I _ _ _ _ _
c _ _ _ C _ _ _ _ _
d M _ _ _ _ _ _ _ _ Ä _ _ _ _ _ _ _ E _
e _ E _ _ _ T _ _ _ _ _ N
f _ _ _ _ _ _ _ _ _

S _ _ _ _ _ !

a Wenn beim Essen alle durcheinander reden, ist es schwer, einem ... zu folgen.
b Viele Deutsche sprechen ... Statt „Guten Tag“ sagen sie dann zum Beispiel „Moin Moin“.
c „Achtung, eine ...! Die S7 fährt heute nicht auf Gleis 7, sondern auf Gleis 3 ab.“
d Sprachenlerner machen oft Fehler bei der Aussprache. Das führt manchmal zu ...
e Manche Wörter, wie zum Beispiel Schloss, haben mehrere ...
f In der Schweiz spricht man vier ...: Deutsch, Französisch, Italienisch, Rätoromanisch

2 Rätsel

a Lesen Sie die Sätze und ergänzen Sie die Tabelle. Drei Felder bleiben leer.

1 Frau Gorges ist angestellt und arbeitet Teilzeit.
2 Frau Spicker arbeitet an einer Universität als Wissenschaftlerin.
3 Die Aufgabe von Frau Hoffmann ist, Kinder in schwierigen Situationen zu betreuen.
4 Frau Schnell hat vor Kurzem den Kurs „Atem und Stimme“ belegt. Sie hält regelmäßig Vorträge und schreibt Bücher. Seit vielen Jahren ist sie selbstständig.
5 Frau Hoffmann belegt jedes Jahr den Kochkurs „Italienische Küche“.
6 Eine Frau greift gern zu Nadel und Faden. Sie hat sich in einem Nähkurs eine schicke Bluse genäht. Von Beruf ist sie Reporterin.
7 Eine Frau verdient ihr Geld als Buchautorin und Dichterin.
8 Eine Frau arbeitet Schichtarbeit. Es ist nicht Frau Spicker.
9 Diese Frau entwickelt neue Medikamente. Abends geht sie häufig ins Theater oder besucht Kurse zum Thema „Kunst und Kultur“.

Name	Frau Gorges	Frau Spicker	Frau Hoffmann	Frau Schnell
Was ist ihr Beruf?				
Wie ist ihr Arbeitsverhältnis?	angestellt / arbeitet Teilzeit			
Was macht sie in ihrem Beruf?				
Welchen Kurs hat sie an der VHS belegt?				

b Beantworten Sie die Fragen.

1 Wer arbeitet Vollzeit?
2 Wer berichtet von aktuellen Ereignissen?
3 Wer ist Sozialarbeiterin?

WIEDERHOLUNGSSTATION: GRAMMATIK

1 Wörter mit zwei Bedeutungen: Verbinden Sie.

a Mit *Birne* kann sowohl Obst
b Eine *Bank* kann nicht nur ein Geldinstitut sein,
c *Arm* kann sowohl ein Körperteil
d Die *Maus* kann nicht nur ein Teil vom Computer,
e *Orange* ist nicht nur eine Farbe,

sondern auch ein Möbelstück zum Sitzen.
als auch ein Teil einer Lampe gemeint sein.
sondern auch ein Tier sein.
sondern so wird auch das Wort für eine Obstsorte geschrieben.
als auch das Gegenteil von reich sein.

2 Stellenanzeigen: Ordnen Sie zu.

gepflegte | gebliebene | abgeschlossener | ~~geprüfte~~ | wachsendes | passende | leitender | führendem

Jobbörse

Stellenmarkt
- Wir suchen staatlich geprüfte (a) Erzieher/innen für die Betreuung von Kleinkindern.
- Junges, ______ (b) Start-up-Unternehmen sucht Office-Manager/innen.

Bewerbermarkt
- Krankenpfleger mit ______ (c) Ausbildung sucht ______ (d) Stelle.
- Ingenieur in ______ (e) Position sucht neue Herausforderung in international ______ (f) Unternehmen.
- Jung ______ (g) und ______ (h) Dame (65 Jahre) bietet Hilfe an: Senioren- und Kinderbetreuung, kleinere Arbeiten im Haushalt

3 Was passt? Kreuzen Sie an.

Welche Kurse an der Volkshochschule besucht Ihr oder habt Ihr besucht? Warum?

MissHappy Ich nehme an einem Yoga-Kurs teil. Mein Arzt hat mir ☒ wegen ○ deswegen ○ weil (a) meiner Rückenprobleme geraten, Yoga zu machen. An der Volkshochschule sind die Kurse gut und trotzdem nicht so teuer. ○ Nämlich ○ Weil ○ Deshalb (b) gehe ich dorthin.

Aurora Ich habe einen Spanischkurs gemacht. Mein Kursleiter war super. ○ Deswegen ○ Wegen ○ Weil (c) gehe ich nächstes Semester wieder hin.

charly Als ich von zu Hause ausgezogen bin, konnte ich nicht kochen. ○ Wegen ○ Aus diesem Grund ○ Weil (d) habe ich einen Kochkurs für Anfänger gemacht. Das war toll.

Mister Perfekt Ich möchte mich beruflich weiterentwickeln. ○ Nämlich ○ Weil ○ Deswegen (e) mache ich jetzt einen Computerkurs. Da lerne ich viel.

SELBSTEINSCHÄTZUNG Das kann ich!

Ich kann jetzt ...

... von einem Missverständnis erzählen: L13

Fol_____ habe ich er_____:
Ich er_____ euch von meinem Missverständnis. Also p_____ auf!
In meiner Spr_____ b_____ „blau sein" „traurig sein".
Da habe ich b_____, dass ich das miss_____ hatte.

... nachfragen: L13

Habe ich Sie ri_____ ver_____? Be_____ das, dass ich noch drei Wochen warten muss?
Ich k_____ das W_____ nicht. K_____ Sie mir das bitte e_____?

... einen Kurs anbieten: L14

In dem Kurs h_____ Sie die M_____, Ihre Stimme zu trainieren.
Vor_____ sind nicht not_____.

... mich schriftlich bewerben: L15

Mit gr_____ I_____ habe ich Ihr St_____angebot gelesen.
Daher be_____ ich mich hi_____ um diese Stelle.
Ich habe vor zwei Jahren meine Aus_____ ab_____.
Da_____ habe ich bei Siemens erste Er_____ ges_____t.
Es f_____ mir l_____, mich in neue Aufgabenbereiche einzuarbeiten.
Über eine E_____ zu einem p_____
G_____ würde ich mich sehr freuen.

... ein Bewerbungsgespräch führen: L15

■ Ich denke, dass ich bei Ihnen viele M_____ habe, meine Fä_____ einzusetzen.
▲ Gut, wir m_____ uns dann in ein p_____ Tagen bei Ihnen. V_____ Dank, dass Sie hier w_____.

Ich kenne ...

... 6 Wörter, die mehrere Bedeutungen haben: L13

_____

... 6 Wörter zum Thema „Weiterbildung": L14

_____

... 8 Wörter zum Thema „Bewerbungsgespräch": L15

Darauf sollte ich achten: _____
Das sollte ich nicht tun: _____

Ich kann auch ...

... Folgen und Gründe ausdrücken (Konjunktion, Adverb): L13

Julie hat ein Wort falsch betont. Die Lehrerin hat das Wort nicht verstanden.
darum: _____
nämlich: _____

SELBSTEINSCHÄTZUNG Das kann ich!

... **Gründe angeben (Präposition: wegen):** L13 ○ ○ ○
Wegen ________________ (die falsche Betonung) hat die Lehrerin das Wort nicht verstanden.

... **Nomen näher beschreiben (Partizipien als Adjektive):** L14 ○ ○ ○
Einblicke, die faszinieren = ________________ Einblicke
Talente, die versteckt sind = ________________ Talente

... **Aufzählungen ausdrücken (Satzverbindung: *sowohl ... als auch, nicht nur ... sondern auch*):** L15 ○ ○ ○
Ich beherrsche die üblichen PC-Programme und das Programmieren von Internetseiten.
sowohl ... als auch: ________________
____
nicht nur ... sondern auch: ________________
____

Üben/Wiederholen möchte ich noch:

____

RÜCKBLICK

Wählen Sie eine Aufgabe zu Lektion 13 ________________

1 Teekesselchen beschreiben

Sehen Sie noch einmal das Bildlexikon im Kursbuch auf Seite 10 und 11 an.
Wählen Sie ein Teekesselchen, machen Sie Notizen und beschreiben Sie es dann.

	1. Teekesselchen	2. Teekesselchen
Wie sieht es aus? (Farbe, Form, Größe, ...)	oft grün oder braun, lang und dünn	
Was mache ich damit? / Wozu brauche ich das?	/	
Wo finde ich das? / Wo gibt es das?	in der Natur: im Wald, auf Wiesen, in der Wüste ...	

Mein erstes Teekesselchen kann unterschiedliche Farben haben. Oft ist es grün oder braun. Es ist meist sehr lang und dünn. ...

2 Teekesselchen beschreiben

Wählen Sie ein neues Teekesselchen. Hilfe finden Sie in a-c oder im Wörterbuch.
Machen Sie eine Tabelle wie in 1 und machen Sie Notizen. Beschreiben Sie dann.

a

c

b

Mein erstes Teekesselchen ...

RÜCKBLICK

Wählen Sie eine Aufgabe zu Lektion 14

1 Lesen Sie noch einmal das Kursprogramm im Kursbuch auf Seite 14.
Kreuzen Sie an.

	richtig	falsch
a Kurs 1 ist für Teilnehmer, die schon Klettererfahrung haben.	○	⊗
b In Kurs 2 lernen Senioren, wie man legal aktuelle Software aus dem Internet herunterlädt.	○	○
c In Kurs 3 lernt man, wie man richtig telefoniert und dabei einen sympathischen Eindruck macht.	○	○
d Für Kurs 4 ist es notwendig, dass man schon im Chor gesungen hat.	○	○
e In Kurs 5 lernt man deutsche Gewürze und Kräuter kennen.	○	○
f Die Voraussetzung für Kurs 6 ist, dass man schon nähen kann.	○	○

2 Gästebucheintrag
Schreiben Sie ins Gästebuch der Volkshochschule oder eines anderen Veranstalters über einen Kurs, den Sie gemacht haben, oder schreiben Sie über den Deutschkurs, den Sie gerade besuchen.

Endlich kann auch ich richtig tolle Fotos machen! Denn ich habe im letzten Herbst einen Fotokurs gemacht. Wir haben gelernt, wie …

Wählen Sie eine Aufgabe zu Lektion 15

1 Lesen Sie noch einmal die Stellenanzeigen im Kursbuch auf Seite 18.
Wählen Sie zwei Anzeigen. Notieren Sie, welche Voraussetzungen man braucht.

	Anzeige B	Anzeige ___
Ausbildung	kaufmännische Ausbildung	
Berufserfahrung	erste Erfahrungen im Callcenter-Bereich	
Sprachkenntnisse		
Computerkenntnisse		
andere Fähigkeiten		

2 Der Traumjob
Sie haben die Anzeige für Ihren Traumjob noch nicht gefunden?
Dann schreiben Sie sie selbst.

Wir sind … ein erfolgreicher Computerspiele-Hersteller und suchen einen Computerspiele-Tester

Das sind Ihre Aufgaben:
Sie testen neue Computerspiele. …

Das erwarten wir von Ihnen:
Sie haben großen Spaß an Computerspielen und kennen viele bekannte Spiele. …

Das bieten wir Ihnen:
Sie arbeiten in einem jungen, sympathischen Team. …

LITERATUR

HARRY KANTO MACHT URLAUB

Teil 1: Hast du das Geld?

Endlich Urlaub, dachte ich. *Den habe ich wirklich verdient.*

Viele Leute waren im Herbst in mein Detektivbüro gekommen. Ich hatte viel gearbeitet, aber auch gut verdient. Genug, um eine Woche Skiurlaub in Schladming zu machen.

Ich stand auf dem Gipfel des Berges und sah mich um: Sonne, blauer Himmel und sonst alles weiß. Die Leute neben mir machten sich bereit für die Abfahrt.

Und nun, Kanto, zeig, was du kannst.

Ich fuhr den Berg hinunter, mal links herum, mal rechts herum, mal links ...

„He, aufpassen!"

Ich flog über die Piste, ich wurde immer schneller. Ich konnte nicht mehr bremsen, fuhr über einen kleinen Hügel und ... fiel hin, rutschte hinunter ... und blieb am Waldrand liegen.

Seit wann kannst du denn nicht mehr Skifahren, Kanto?

Ich hatte Schnee im Mund und in der Nase und mein rechtes Knie tat weh.

Als ich aufstehen wollte, hörte ich zwei Männer nicht weit von mir im Wald reden.

„Und? Hast du das Geld?"

„Ja, klar. Du hast mir ja ..."

„Pssst! Nicht so laut."

Geld? Welches Geld?

Geht es um Geld und ein Geheimnis, dann gibt es meistens ein Verbrechen.

Kanto, halt dich zurück, du bist im Urlaub!

„Wo ist denn das Geld?"

„Ich habe es in ..."

„Halt, warte, da ist doch jemand."

Eine Frau und ein kleines Mädchen standen plötzlich neben mir.

„Ist Ihnen etwas passiert? Ich habe gesehen, wie Sie hingefallen sind."

„Vielen Dank, alles in Ordnung."

„Du siehst lustig aus. Wie ein Schneemann."

Das Mädchen lachte.

„Emma! So etwas sagt man nicht."

„Schon in Ordnung. Es stimmt ja wirklich."

Ich sah mich um. Die beiden Männer gingen weg.

Soll ich ihnen nachfahren oder ...?

Dumme Frage, Kanto. Du bist im Urlaub. Jetzt stell dich erst mal der hübschen Frau vor.

„Hallo, ich bin Harry."

„Ich heiße Clarissa." Sie lächelte. „Und das ist Emma, meine Nichte."

„Hallo, Herr Schneemann!"

Die beiden Männer verließen weiter unten gerade die Piste.

Mist!

Aber Schladming ist nicht groß und mein Gefühl sagte mir, dass ich sie nicht zum letzten Mal gesehen hatte.

Wir brauchten uns um nichts zu kümmern.

KB 3 **1** **Ordnen Sie zu. Nicht alle Wörter passen.**

WÖRTER

Ehe | küssen | Lüge | neugierig | Streit | ~~streiten~~ | Tränen | trennen | ungewöhnlich

Kummerkasten – Das Dr.-Engel-Team rät

Simon, 14: Mein Vater ist ausgezogen! Meine Eltern streiten (a) sich oft. Sie haben schon früher viel gestritten, und es gab nicht selten ________ (b). ________ (c) ist also bei uns in der Familie nicht ________ (d). Aber mein Vater ist bisher noch nie ausgezogen. Ich habe Angst, dass meine Eltern sich ________ (e) und würde gern ihre ________ (f) retten. Was kann ich tun?

KB 3 **2** **Ergänzen Sie und vergleichen Sie.**

WÖRTER

	Deutsch	Englisch	Meine Sprache oder andere Sprachen
a		kiss	
b	die Lüge	lie	
c		youth	
d		friendship	

KB 5 **3** ***brauchen* oder *müssen*? Kreuzen Sie an.**

STRUKTUREN

Nächstes Jahr mache ich Abitur. Ich ☒ muss ○ brauche (a) im letzten Schuljahr vor dem Abitur viele Hausaufgaben machen. Dafür ○ muss ○ brauche (b) ich aber nicht viel im Haushalt zu helfen. Ich ○ muss ○ brauche (c) nur die Spülmaschine auszuräumen.
Leider bekomme ich zu wenig Taschengeld und ○ muss ○ brauche (d) deshalb ab und zu arbeiten. Am Wochenende gehe ich trotzdem weg, weil ich sonntags nicht so früh aufzustehen ○ muss ○ brauche (e).
Nach dem Abitur werde ich erst einmal ein Jahr Urlaub machen. Denn dann ○ muss ○ brauche (f) ich mich wirklich vom Stress in der Schule erholen.

KB 5 STRUKTUREN

4 Ordnen Sie zu und ergänzen Sie in der richtigen Form.

annehmen + brauchen | bleiben + brauchen | gewöhnen + müssen | sein + müssen | ~~studieren + brauchen~~

Ich möchte gern Kosmetikerin werden, weil man dafür nicht zu studieren braucht (a). Ein Studium ist einfach nichts für mich! Und ich habe mich schon immer für Kosmetik und Schminke interessiert! Außerdem würde ich gern etwas von der Welt sehen und als Kosmetikerin ______ ich nicht unbedingt in Deutschland ______ (b), sondern kann z.B. in Wellness-Hotels im Ausland arbeiten. Ich ______ aber auch nicht unbedingt angestellt ______ (c), sondern würde mich vielleicht auch selbstständig machen. Okay, das ist natürlich ein finanzielles Risiko. Ich ______ mich dann daran ______ (d), kein festes Einkommen zu haben. Aber wenn das Geld mal knapp ist, ______ ich nur einen Nebenjob ______ (e). Da finde ich immer was! Auch wenn es mal nicht so gut läuft, geht es immer wieder aufwärts.

KB 7 KOMMUNIKATION

5 Ordnen Sie zu.

Bei uns kam | Das ging mir ganz anders | ~~ich konnte es kaum erwarten, bis~~ | ist es kaum mehr vorstellbar | Ich legte größten Wert darauf | war mir nicht so wichtig

■ Schau mal. Mein Hochzeitsfoto mit Karl. Damals war ich gerade 18.
▲ Oh, da hast du ja total jung geheiratet. Im Gegensatz zu mir!
■ Ja, ich konnte es kaum erwarten, bis (a) es endlich soweit war. Mit meinen Eltern gab es viele Konflikte.
▲ ______ (b). Heiraten ______ (c). Ich wollte unbedingt berufstätig sein und nicht meinen Mann um Erlaubnis fragen müssen.
■ Ja, heute ______ (d), dass Frauen die Erlaubnis ihrer Ehemänner brauchten, wenn sie arbeiten wollten.
▲ Das wollte ich damals auf keinen Fall. ______ (e), einen Beruf zu lernen.
■ ______ (f) eine Berufsausbildung nicht infrage. Alle Familienmitglieder mussten nach dem Krieg auf dem Hof helfen. Bei der Ernte wurden alle Hände gebraucht.

KB 7 KOMMUNIKATION

6 Sie möchten über einen Artikel in der Zeitung sprechen.
Was können Sie sagen? Ordnen Sie zu.

~~Bei mir war das ganz anders / genauso.~~ | Auf meinem Foto sieht man / sehe ich / ist … | In meinem Heimatland ist es ganz anders. / auch so. | Ich war/habe nach der Schule … | Dort haben/machen die meisten / viele / nur wenige Jugendliche(n) … | Die Person sagt/meint/…, dass … | Ich legte größten Wert auf … | Es kam mir darauf an, … | Ihr/Ihm ist … wichtig. / nicht so wichtig. | Ich wollte unbedingt / auf keinen Fall … | Er/Sie sieht … aus.

Informationen im Artikel	meine Erfahrungen	Situation im Heimatland
	Bei mir war das ganz anders / genauso.	

KB 7 **7** **Gespräch über ein Thema: Schulabschluss – und was dann?**

SPRECHEN

a **Sie haben Informationen in der Zeitung gefunden. Sie arbeiten mit Text A. Ihre Partnerin / Ihr Partner arbeitet mit Text B. Sehen Sie das Foto an und lesen Sie den Text. Machen Sie dann Notizen zu den Fragen.**

(A)

„Ich mache zurzeit ein freiwilliges ökologisches Jahr (FÖJ) bei der Schutzstation Wattenmeer. Nach der Schule war ich mir nicht so sicher, was ich studieren sollte. Außerdem wollte ich gern erst einmal praktisch arbeiten. Ich bin gern draußen in der Natur und die Umwelt war mir schon immer wichtig. In Westerhever bin ich zusammen mit anderen für verschiedene Aufgaben verantwortlich und kann viele Erfahrungen sammeln."
Florian Beetz, 19 Jahre, FÖJler

(B)

„Ich bin gerade mit der Schule fertig und fange im nächsten Jahr eine Ausbildung an. Aber jetzt packe ich erst mal meinen Rucksack. Ich bin total aufgeregt! Denn nächste Woche fliege ich mit *work & travel* für ein Jahr nach Neuseeland. Ich möchte meine Englischkenntnisse verbessern, etwas von der Welt sehen und vielen interessanten Menschen begegnen."
Sina Winkler, 18 Jahre, Abiturientin

1 Wer ist die Person auf dem Foto und was macht sie?
2 Was sagt die Person zu dem Thema? Was ist ihr wichtig?
3 Welche Erfahrungen haben Sie? Was war Ihnen nach der Schule wichtig?
4 Was machen Jugendliche heute in Ihrem Heimatland nach der Schule?

b **Sprechen Sie mit Ihrer Partnerin / Ihrem Partner über das Thema: „Schulabschluss – und was dann?". Beschreiben Sie „Ihr" Foto und erzählen Sie von Ihren Erfahrungen. Die Ausdrücke in 6 helfen Ihnen. Reagieren Sie auch auf Ihre Partnerin / Ihren Partner, sodass sich ein Gespräch ergibt.**

KB 8 **8** **Ergänzen Sie die Wörter.**

WÖRTER

Liebes Tagebuch!
Endlich!!! – Wir haben uns zum ersten Mal gek ü s s t (a). Moritz hatte einen Auftritt mit seiner Band. Am K __ __ v __ __ r (b) ist er wirklich wahnsinnig cool!!! Ich war eigentlich schon ents __ __ __ os __ __ __ (c), nicht hinz __ g __ __ __ __ (d).
Aber Lena hat mich überredet und mir gute R __ __ s __ __ __ äge (e) gegeben. Was für ein Glück! Er war vermutlich mindestens genauso a __ fge __ e __ t (f) wie ich. Wir haben bis nach M __ __ t __ __ n __ __ __ __ (g) gefeiert. Ich habe mich soooooo ...

TRAINING: SCHREIBEN

1 Online-Gästebuch einer Fernseh-Sendung

Sie haben eine Diskussionssendung gesehen. Im Online-Gästebuch der Sendung finden Sie folgende Meinung. Lesen Sie den Text und die Aussagen. Welche Aussagen drücken die gleiche Meinung aus, die der Zuschauer im Internet geschrieben hat? Kreuzen Sie an.

Ich finde es schlimm, dass Jugendliche heutzutage so schlecht erzogen sind. Gerade gestern bin ich mit der U-Bahn gefahren und musste schon wieder erleben, dass Jugendliche einem keinen Platz anbieten und nicht einmal aufstehen, wenn man sie darum bittet. Ich lege großen Wert auf Respekt. Doch heute trifft man kaum einen Jugendlichen, der Respekt vor älteren Menschen hat. Meiner Meinung nach haben Jugendliche heute viele Freiheiten und Rechte, aber zu wenig Pflichten. In der Erziehung fehlt es heute an Regeln. Aber Regeln sind wichtig, weil ohne sie das Zusammenleben in der Familie und in der Gesellschaft nicht funktioniert.

a Es ist wirklich ärgerlich, dass so viele Jugendliche so unhöflich sind. ○
b Ich kenne viele hilfsbereite Jugendliche, die schon früh Verantwortung übernehmen. ○
c Natürlich haben Jugendliche heute weniger Pflichten als früher. ○
d Regeln und Grenzen sind notwendig, daher sollten Eltern ihren Kindern nicht so viel erlauben. ○

2 Schreiben Sie nun Ihre Meinung (circa 80 Wörter).

Machen Sie Notizen zu den Fragen. Schreiben Sie dann den Text.

- Welche Erfahrungen haben Sie mit Jugendlichen gemacht?
- Sind Jugendliche heute gut oder schlecht erzogen? Was meinen Sie?
- Was ist bei der Erziehung besonders wichtig? / nicht so wichtig? Was meinen Sie?

TIPP In Prüfungen müssen Sie Ihre Meinung zu einem Thema schreiben. In einem kurzen Text wird schon eine Meinung vorgegeben, auf die Sie dann reagieren sollen. Lesen Sie diesen Text genau und überlegen Sie, welche Aussagen (nicht) zu Ihrer Meinung passen.

TRAINING: AUSSPRACHE *Vokale „o", „ö", „e"*

▶ 2 08 1 Welches Wort hören Sie? Kreuzen Sie an.

a ○ konnte ○ könnte
b ○ können ○ kennen
c ○ Tochter ○ Töchter
d ○ große ○ Größe
e ○ lesen ○ lösen
f ○ gewohnt ○ gewöhnt

▶ 2 09 2 Hören Sie und ergänzen Sie „o", „ö" oder „e".

a Meine Eltern legten gr__ßten W__rt auf Ordnung, besonders bei der Kleidung.
b Wir k__nnten nicht ständig neue H__sen und R__cke kaufen.
c Es war nicht m__glich, sich ohne Probleme von der Familie zu l__sen.
d Meine T__chter k__nnen sich das gar nicht mehr vorstellen.

▶ 2 10 **Hören Sie noch einmal und sprechen Sie nach.**

TEST

WÖRTER

1 Ordnen Sie zu.

Lüge | Ehe | Ratschläge | ~~Streit~~ | Generation | Tränen | Erziehung

Ich werde bald 30. Jetzt hat mich mein Freund gefragt, ob ich ihn heiraten will. Wie stellt Ihr Euch die perfekte ______________ (a) vor? Habt Ihr ______________ (b) für mich?

Ich glaube nicht daran. Wenn man dann noch Kinder hat, gibt es immer Streit (c) wegen der ______________ (d).

Also mein Mann hat mir nie die Wahrheit gesagt. Meine Ehe war eine einzige ______________ (e).

Es gibt immer gute und schlechte Zeiten. Auch ______________ (f) gehören dazu.

Meine Großeltern sind seit über 60 Jahren verheiratet. Das kommt in dieser ______________ (g) häufig vor. Sie lieben sich immer noch. Das soll Dir Mut machen. ☺

_ / 6 PUNKTE

STRUKTUREN

2 Ordnen Sie die Verben zu und ergänzen Sie *zu*, wo nötig.

besuchen | kochen | ~~arbeiten~~ | wecken | machen | putzen | halten

Nach dem Abitur habe ich ein Jahr als Au-pair gearbeitet. Das war super und wirklich nicht sehr anstrengend, weil ich nicht viel zu arbeiten (a) brauchte. Ich musste nur um sieben Uhr die Kinder ______________ (b), ihnen Frühstück machen und sie zur Schule bringen. Danach konnte ich einen Sprachkurs ______________ (c). Ich brauchte nicht ______________ (d), denn es gab eine Köchin. Jeden Tag kam eine Putzfrau, deshalb musste ich auch nicht ______________ (e). Ich brauchte nur mein eigenes Zimmer in Ordnung ______________ (f).
Am Wochenende hatte ich frei und durfte ______________ (g), was ich wollte.

_ / 6 PUNKTE

KOMMUNIKATION

3 Ordnen Sie zu.

kaum erwarten | größten Wert | nicht infrage | bei mir auch so | ehrlich gesagt

■ Meine Eltern legten früher ______________ (a) auf Pünktlichkeit.
▲ Das war ______________ (b). Ich bin trotzdem oft zu spät gekommen. Dann gab es richtig Ärger. Deshalb konnte ich es auch ______________ (c), bis ich 18 wurde und selbst entscheiden durfte, wann ich nach Hause kam.
■ Das kann ich, ______________ (d), gut verstehen. Bei mir kam das leider trotzdem ______________ (e), weil ich meinen Eltern oft auf dem Bauernhof helfen musste, auch als ich schon volljährig war.

_ / 5 PUNKTE

Wörter		Strukturen		Kommunikation	
●	0–3 Punkte	●	0–3 Punkte	●	0–2 Punkte
●	4 Punkte	●	4 Punkte	●	3 Punkte
●	5–6 Punkte	●	5–6 Punkte	●	4–5 Punkte

www.hueber.de/menschen/lernen

LERNWORTSCHATZ

1 Wie heißen die Wörter in Ihrer Sprache? Übersetzen Sie.

Erinnerungen und Beziehungen

Ehe die, -n
Erziehung die
Generation die, -en
Konflikt der, -e
Krieg der, -e
Kuss der, ¨-e
Lüge die, -n
Ratschlag der, ¨-e
Streit der, -e
Träne die, -n

auf·regen (sich), hat sich aufgeregt
aufgeregt sein
aus·gehen, ist ausgegangen
CH: in den Ausgang gehen
begegnen, ist begegnet
entschlossen sein, ist entschlossen gewesen
gewöhnen an (sich), hat sich gewöhnt
küssen (sich), hat sich geküsst
trennen (sich), hat sich getrennt

aufwärts
aufwärts gehen
gewöhnlich ⟷ ungewöhnlich
verantwortlich (sein)

hin-
hin·gehen

Weitere wichtige Wörter

Ernte die, -n
Gegensatz der, ¨-e
Klavier das, -e
Kosmetik die
Mitternacht die
Schminke die
schminken (sich), hat sich geschminkt
Wert der, -e
Wert legen auf

nur/nicht brauchen … zu

wochentags
A/CH: auch: unter der Woche

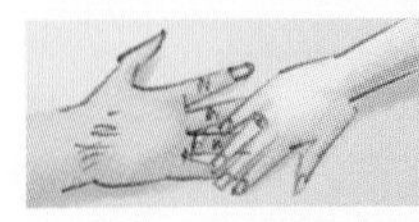

2 Welche Wörter möchten Sie noch lernen? Notieren Sie.

Guck mal! Das ist schön!

KB 4 **1** **Ergänzen Sie.**

WÖRTER

DER BLAUE REITER UND FRANZ MARC

1911 gr ü n d et e n (a) Gabriele Münter und Wassily Kandinsky zusammen mit anderen Künstlern den *Blauen Reiter*. Im Dezember s___ el___ ten (b) die Maler dieser Gruppe zum ersten Mal in einer G___ l___ r___ e (c) in München aus. München ist auch der G___ b___ rt___ o___ ___ (d) des Malers, Zeichners und Grafikers Franz Marc (1880–1916), der auch zum *Blauen Reiter* gehörte. Von ihm stammt eins der bekanntesten Bilder des *Blauen Reiter*. Es trägt den Titel *Blaues Pferd I* und e___ tst___ ___ d (e) im Jahr 1911. Auf diesem Bild steht ein blaues Pferd vor f___ r___ igen (f) H___ ge___ n (g). Tiere waren bei Marc ein beliebtes Motiv. Das Bild *Tierschicksale* zeigt verschiedene Tiere in einer feindlichen Umgebung. Das Bild wurde 1917 bei einem Feuer z___ r___ t___ rt (h) und später wieder restauriert. Als junger Künstler konnte Marc nicht vom Verkauf seiner Bilder leben. Deshalb u___ t___ rr___ c___ tete (i) er auch in Malkursen. Später stieg seine A___ er___ e___ ___ ung (j) als Künstler. Franz Marc starb im Ersten Weltkrieg.

KB 4 **2** **Ordnen Sie zu.**

WÖRTER

a eine Überschrift (3)
b seiner Freundin einen Heiratsantrag ○
c Menschen aus einem brennenden Haus ○
d von dem unerwarteten Besuch ○
e drüben auf der anderen Seite des Flusses ○
f keine Feinde ○
g für die Zerstörung der Umwelt ○
h einen Antrag auf einen neuen Pass ○

1 überrascht sein
2 verantwortlich sein
3 lesen
4 haben
5 stellen
6 machen
7 retten
8 wohnen

KB 4 **3** **Wolfgang Amadeus Mozart – eine Biografie**

SPRECHEN

Lesen Sie die Informationen zu Mozart. Sprechen Sie dann mit Ihrer Partnerin / Ihrem Partner. Die Ausdrücke im Kasten helfen Ihnen.

*	Salzburg 27.1.1756
1762	erste Konzertreise nach München
1764/65	erste Sinfonien
1769–1772	Reise nach Italien
1772–1781	Konzertmeister in Salzburg
1777–1779	Reisen nach Augsburg, Mannheim und Paris
1781	freier Künstler in Wien
1782	Heirat mit Constanze Weber
†	Wien 5.12.1791

~~am ... in ... zur Welt kommen~~ | mit ... Jahren in ... sterben |
mit ... Jahren reisen / spielen / heiraten / schreiben / arbeiten als ... / leben ... / ...

■ Mozart kommt am 21. Januar 1756 in Salzburg zur Welt. ...

BASISTRAINING

KB 5 **4** **Ordnen Sie zu.**

STRUKTUREN

ist es … gefährlich | es hat … gelohnt | donnerte es | ~~Es war … Sommer~~ | es geschafft hatten | es war … Morgen | es … gab | Es ist … schwergefallen | es hat Spaß gemacht | war es … neblig | Es war … leicht | Es … zu regnen

Es war im letzten Sommer (a): Wir wollten endlich mal wieder eine Bergwanderung machen und starteten um 6 Uhr. ________ uns ziemlich ________________ (b), so früh aufzustehen. Aber ________ sich ________________ (c). Denn ________ ein sehr schöner ________________ (d). Nur am Anfang ________ noch ein bisschen ________________ (e). ________ nicht so ________________ (f), auf den 2500 Meter hohen Berg zu steigen. Als wir ________________ (g), waren wir richtig stolz auf uns. Wir wollten gerade wieder nach unten gehen, da bemerkten wir, dass ein Gewitter kam. ________ fing an, ________________ (h). Kurz danach blitzte und ________________ (i). Wir liefen so schnell wir konnten und wurden total nass, da kamen wir zum Glück zu einer kleinen Hütte. Wir waren so froh, dass ________ diese Hütte ________________ (j). Denn bei Gewitter ________ im Gebirge ________________ (k). Die Wanderung war aufregend. Aber ________________ (l).

KB 5 **5** **Alle reden über das Wetter. Schreiben Sie Sätze.**

STRUKTUREN

a Es – möglich – ist – dass – kommt – heute noch ein Gewitter
b Bei Sonnenschein – mir – immer gut – es – geht
c Gestern – geschneit – hat – zum ersten Mal – es
d Es – nur ganz leicht – regnet | Da – es – lohnt – nicht – sich – aufzumachen – den Regenschirm

a Es ist möglich, dass heute noch ein Gewitter kommt.

KB 5 **6** **Ergänzen Sie die Ausdrücke mit *es* aus 4 und 5 im Präsens.**

STRUKTUREN ENTDECKEN

feste Wendungen	Tages- und Jahreszeiten	Wetter	Befinden
es ist möglich	es ist Sommer	es schneit	es geht gut

KB 5 **7** **An sieben weiteren Stellen fehlt *es*. Ergänzen Sie.**

STRUKTUREN

Hallo Katharina,
wie geht es Dir? Leider haben wir uns lange nicht mehr gesehen. Hier ist inzwischen Winter geworden.
Seit drei Tagen schneit und ist ziemlich kalt. Am Rathausplatz gibt einen sehr netten Weihnachtsmarkt. Vielleicht schaffst Du ja, mich noch vor Weihnachten zu besuchen.
Glaub mir, lohnt sich, hier ist auch im Winter sehr schön.
Liebe Grüße
Kathrin

KB 6

8 Der Sophie von La Roche-Preis

LESEN

a Lesen Sie Zeile 1–11 des Artikels. Was ist richtig? Kreuzen Sie an.

1 Den Sophie von La Roche-Preis gibt es …
- ○ einmal pro Jahr.
- ○ zweimal pro Jahr.
- ○ alle zwei Jahre.

2 Der Preis ist eine Anerkennung …
- ○ für erfolgreiche Schriftsteller.
- ○ dafür, dass man für gleiche Rechte von Frauen und Männern kämpft.
- ○ dafür, dass man keine Vorurteile hat.

b Lesen Sie weiter (Zeile 12–34) und ergänzen Sie die fehlenden Informationen.

PARASTOU FOROUHAR

Geburtsort: ____________________

Studium: im __________ und in __________

Beruf: *Künstlerin*

Ausstellungsorte:

____

Ziel ihrer künstlerischen Arbeit: sich für ____________________ einsetzen

Auch dieses Jahr wird der La Roche-Preis verliehen

Seit 2009 vergibt die Stadt Offenbach alle zwei Jahre den Sophie von La Roche-Preis. Dieser Preis ist nach der Schriftstellerin Sophie von La Roche (1730–1807) benannt, die über 20 Jahre ihres Lebens in Offenbach verbrachte. Für die selbstständige Frau war das Schreiben nicht nur Hobby, sondern ein Beruf, von dem sie nach dem Tod ihres Mannes sogar leben musste. Der Preis ist eine Anerkennung für Menschen, die sich besonders für Gleichberechtigung einsetzen.

2011 bekam ihn die in Teheran geborene Künstlerin Parastou Forouhar. In ihren Zeichnungen, Fotografien, Filmen und auch Texten geht es immer wieder um Menschenrechte und die Gleichberechtigung. Mit ihren Werken möchte sie darauf aufmerksam machen, dass die Menschen und besonders Frauen im Iran und vielen anderen Ländern nicht in Freiheit leben können. So ist zum Beispiel auf einer Fotografie von Forouhar der Kopf eines Mannes mit einem traditionellen Kopftuch zu sehen. Forouhar verwendet auch oft Ornamente für ihre Bilder. Wenn man die Ornamente genauer ansieht, erkennt man, dass sie zum Beispiel aus Körpern bestehen. Ungewöhnliche Details sieht man in ihren Werken meistens erst auf den zweiten Blick.

Die Künstlerin, die seit 1991 in Deutschland lebt, hat unter anderem in New York, Berlin, Rom und Istanbul ausgestellt. Nach ihrem sechsjährigen Kunststudium im Iran hat die Preisträgerin von 1992 bis 1994 auch in Offenbach an der Hochschule für Gestaltung studiert.

TRAINING: HÖREN

1 Ein Gespräch verstehen

a Lesen Sie die Aufgaben in b. Markieren Sie die wichtigsten Informationen.

TIPP
Sie möchten Gespräche, die Sie im Unterricht oder in Prüfungen hören, besser verstehen? Lesen Sie vor dem Hören die Sätze in der Aufgabe genau und markieren Sie wichtige Wörter. So bekommen Sie schon viele Hinweise zum Inhalt.

▶ 2 11 **b Richtig oder falsch? Hören Sie das Gespräch und kreuzen Sie an.**

	richtig	falsch
1 Juliane Hacker ist 30 Jahre alt.	○	⊗
2 Die Künstlerin war schon als Kind kreativ.	○	○
3 Sie hat ein Grafikdesignstudium abgeschlossen.	○	○
4 Sie hat an der Kunstakademie Malerei studiert.	○	○
5 Juliane Hacker malt nur farbige Landschaften.	○	○
6 Man kann in den Bildern von Juliane Hacker den Einfluss von bekannten Malern deutlich sehen.	○	○
7 Sie setzt sich mit ihren Bildern für die Umwelt ein.	○	○
8 Ihre Bilder sollen möglichst vielen Leuten gefallen.	○	○
9 Sie unterrichtet, weil sie mit ihren Bildern nicht genug verdient.	○	○
10 Junge Künstler sollen zusammen Galerien eröffnen.	○	○

TRAINING: AUSSPRACHE *Wortakzent, Wortgruppenakzent, Satzakzent*

1 Hören Sie und markieren Sie die betonte Silbe.

▶ 2 12 **a Markieren Sie den Wortakzent.**

geboren – Schauspielerin – Erfolg – Liebe – Trennung – heiraten – scheiden – Alter

▶ 2 13 **b Markieren Sie den Akzent der Wortgruppe.**

geboren werden – die Schauspielerin Romy Schneider – in einem Film spielen – Erfolg haben – ihre große Liebe – nach der Trennung – zweimal heiraten – sich scheiden lassen – im Alter

▶ 2 14 **2 Romy Schneider**
Hören Sie die Sätze und markieren Sie den Satzakzent: ___.

a Die Schauspielerin Romy Schneider wird 1938 in Wien geboren.
b Sie hat als Schauspielerin großen Erfolg.
c Doch ihre große Liebe verlässt sie.
d Nach der Trennung heiratet sie zweimal und lässt sich wieder scheiden.
e Im Mai 1982 stirbt Romy Schneider im Alter von nur dreiundvierzig Jahren.

▶ 2 15 **Hören Sie noch einmal und sprechen Sie nach.**

TEST

1 Bilden Sie Wörter und ordnen Sie zu.

WÖRTER

~~Gale~~ | dien | anerken | zerstö | ~~rie~~ | ort | Hü | ren | Über | nen | gel | Me | schrift | Geburts

a Räume, in denen Bilder ausgestellt werden: Galerie
b Stadt oder Dorf, wo man geboren ist: ____
c kleiner Berg: ____
d sagen, dass man etwas gut findet: ____
e Fernsehen, Presse und Radio: ____
f etwas kaputt machen: ____
g was über einem Text geschrieben steht: ____

_ / 6 PUNKTE

2 Es ist doch ganz einfach! Ordnen Sie zu.

STRUKTUREN

geht es | ~~es ist~~ | es lohnt | wird es | ich es | wird sie | wird | es ist

a ■ Ich mag den Regen und die Kälte nicht mehr. Wann ____ endlich Sommer?
▲ Sei nicht so ungeduldig, es ist doch erst April!
b ■ Wie ____ deiner Mutter?
▲ Leider nicht so gut. Wahrscheinlich ____ noch einmal operiert.
c ■ Wir möchten am Samstag in die Berge fahren. Wie ____ das Wetter?
▲ Ich glaube, ____ eher bewölkt. Das perfekte Wetter zum Wandern!
d ■ Ich weiß nicht, ob ____ noch schaffe, die neue Ausstellung zu besuchen.
▲ Versuch es, ____ sich auf jeden Fall! Besonders die Skizzen sind toll.

_ / 7 PUNKTE

3 Eine bekannte Persönlichkeit: Ergänzen Sie.

KOMMUNIKATION

Alma Mahler-Werfel _ o _ _ t am 31. August 1879 in Wien z _ _ W _ _ _ (a). In ihrem Leben spielen Künstler eine große Rolle. Im Frühjahr 1902 heiratet Alma den 19 Jahre älteren Gustav Mahler. Er ist schon damals ein bekannter Operndirektor und Komponist in Österreich. N _ c _ seinem T _ _ (b) 1911 heiratet sie noch zweimal. Zuerst den Architekten Walter Gropius, dann den Schriftsteller Franz Werfel. W _ h _ _ _ _ der Z _ _ _ (c) des Nationalsozialismus fliehen sie in die USA. Alma Mahler-Werfel s _ _ r _ _ am 11. Dezember 1964 mit 85 _ a h _ _ n (d) in New York.

_ / 4 PUNKTE

Wörter		Strukturen		Kommunikation	
●	0–3 Punkte	●	0–3 Punkte	●	0–2 Punkte
●	4 Punkte	●	4–5 Punkte	●	3 Punkte
●	5–6 Punkte	●	6–7 Punkte	●	4 Punkte

www.hueber.de/menschen/lernen

LERNWORTSCHATZ

1 Wie heißen die Wörter in Ihrer Sprache? Übersetzen Sie.

Kunst/Malerei

Anerkennung die, -en ______
an·erkennen, hat anerkannt ______
Einfluss der, ¨-e ______
Galerie die, -n ______
Hügel der, - ______
Medien die (Pl.) ______
Zerstörung die, -en ______
zerstören, hat zerstört ______

aus·stellen, hat ausgestellt ______
entstehen, ist entstanden ______
gründen, hat gegründet ______
retten, hat gerettet ______
unterrichten, hat unterrichtet ______

farbig ______

Biografisches

Antrag der, ¨-e ______
Heiratsantrag der, ¨-e ______
Feind der, -e ______
feindlich ______
Geburtsjahr das, -e ______
Geburtsort der, -e ______
Liebling der, -e ______
Recht das, -e ______
Menschenrecht das, -e ______

Vorurteil das, -e ______

einsetzen für (sich), hat sich eingesetzt ______
kämpfen gegen, hat gekämpft ______

gleichberechtigt ______
klasse ______
A/CH: super
wild ______

öfter ______

Weitere wichtige Wörter

Blitz der, -e ______
blitzen, hat geblitzt ______
Dieb der, -e ______
Diebstahl der, ¨-e ______
Donner der, - ______
donnern ______
Droge die, -n ______
Überschrift die, -en ______

verhaften, hat verhaftet ______

überrascht sein von ______

drüben ______

Prost! ______
A: auch: Zum Wohl!

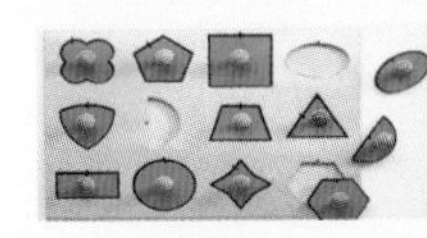

2 Welche Wörter möchten Sie noch lernen? Notieren Sie.

______
______
______
______

Davon halte ich nicht viel.

KB 4 WÖRTER

1 Bilden Sie Nomen. Ergänzen Sie dann und vergleichen Sie.

LA | OPPO | ~~PRO~~ | MI | MENT | SKAN | DEMO | ~~TEST~~ | TRATION | PAR | PAR | DAL | SITION | DEMONS | TEI | NISTER | KRATIE

Deutsch	Englisch	Meine Sprache oder andere Sprachen
a	democracy	
b	party	
c	parliament	
d	opposition	
e	demonstration	
f der Protest	protest	
g	minister	
h	scandal	

KB 4 WÖRTER

2 Politikquiz: Schreiben Sie die Wörter richtig und kreuzen Sie die passende Lösung an.

a Die erste demokratische Wahl (hlWa) fand in Deutschland im Jahr … statt.
- ☒ 1848 ○ 1945

b Alle Politiker im Parlament …
- ○ bilden die ______ (unggierRe).
- ○ sind ______ (Vertertre) des Volkes.

c Der ______ (zlerBunkandes), der auch der Regierungschef ist, wird vom … gewählt.
- ○ Parlament ○ Volk

d Bündnis 90 / Die Grünen ist eine …
- ○ ______ (Bürinigertiative). ○ ______ (atPeir).

e Der ______ (Nanaltioerfeitag) erinnert daran, dass …
- ○ in Deutschland seit 1945 ______ (Frdenie) herrscht.
- ○ Deutschland seit dem 3. Oktober 1990 wieder ein Land ist.

f 1990 hat … den ______ (gernBür) der DDR für die Zukunft „______ (endeblüh) Landschaften" versprochen.
- ○ Helmut Kohl ○ Angela Merkel

Lösung: b sind Vertreter des Volkes c Parlament d Partei e Deutschland seit dem 3. Oktober 1990 wieder ein Land ist. f Helmut Kohl

KB 5 Strukturen

3 Jugendliche heute

Verbinden Sie die Sätze.

a Die Jugendlichen wollen nicht nur arbeiten,
b Ihnen sind sowohl die Familie
c Viele sind zwar politisch interessiert,
d Die Mehrheit der Jugendlichen ist weder unzufrieden
e Die meisten möchten nach der Schule entweder eine Ausbildung machen

aber sie möchten sich nicht für eine Partei engagieren.
oder an einer Universität studieren.
noch pessimistisch.
als auch Freundschaften wichtig.
sondern auch das Leben genießen.

KB 5 Strukturen

4 Ordnen Sie zu.

entweder … oder | nicht nur … sondern … auch | ~~sowohl … als auch~~ | weder … noch | zwar … aber

Wie informiert Ihr Euch über Politik?

Ich informiere mich sowohl im Internet als auch in Zeitungen. (a)

Ich habe ________ eine Tageszeitung abonniert, ________ ich lese sie selten. (b)

Man sollte sich durch verschiedene Medien informieren. Deshalb sehe ich ________ die Nachrichten im Fernsehen, ________ ich lese ________ Zeitungen. (c)

Ich sehe mir nie Nachrichten an. Denn ich interessiere mich ________ für Politik ________ für Wirtschaft. (d)

Ich habe meistens keine Zeit, Zeitung zu lesen. Deshalb höre ich beim Frühstücken ________ Radio ________ ich sehe fern. (e)

KB 5 Strukturen

5 Ordnen Sie die Konnektoren zu und verbinden Sie dann die Sätze.

entweder … oder | weder … noch | zwar … aber | ~~sowohl … als auch~~ | nicht nur … sondern … auch

a Ich lege Wert auf Umweltschutz und ich lege Wert auf gute Bildungspolitik.
b Ein guter Politiker sollte volksnah sein und er muss Verantwortung übernehmen.
c Ich interessiere mich sehr für Politik. Ich wähle nicht.
d Manche Leute kennen die Minister nicht. Sie kennen die Parteien nicht.
e Im Parlament sind die Parteien in der Regierung. Oder sie bilden die Opposition.

a Ich lege sowohl auf Umweltschutz als auch auf gute Bildungspolitik Wert.

KB 7 **6** **Ergänzen Sie.**

WÖRTER

a) Nein zur R e n t e ab 67!
Keine V __ rl __ ng __ ru __ g
der Lebensarbeitszeit

b) 120
Nicht schneller als 120 km/h!
G __ s __ hw __ n __ ig __ ei __ sbeschränkung
auf deutschen Autobahnen!

c) Temperaturen steigen um mindestens 2 Grad:
Rettet das K __ i __ a!
Wir dürfen nicht nur zusehen –
wir müssen h __ n __ el __ – jetzt!

d) Schluss mit
Kern-
kr __ f __ -
w __ r __ e __!

e) Achtung: Unternehmen
verkaufen Daten!
Daten sind keine W __ r __!

KB 7 **7** **Ordnen Sie zu. Nicht alle Wörter passen.**

WÖRTER

Energie | ~~Proteste~~ | Biologie | Umweltschutz | annähern | nehmen zu | unterscheiden | blühen | aufheben

Politik

Lesen Sie heute

- Proteste (a) gegen Studiengebühren ______________ (b)
- Probleme in der Regierung: Nach dem Streit müssen sich der Minister und die Kanzlerin wieder ______________ (c).

Ratgeber

- Nur den Müll vom Boden ______________ (d) ist nicht genug. Was Sie noch für den ______________ (e) tun können: ...

Wirtschaft

- ______________ (f) wird schon wieder teurer!
- Worauf man beim Kauf eines Tablets achten sollte: Viele Produkte ______________ (g) sich nur im Preis.

KB 7 **8** **Markieren Sie die Adjektive. Wie heißen die Nomen?**
Schreiben Sie die Adjektive und Nomen in die Tabelle.
Ergänzen Sie weitere Adjektive und Nomen, die Sie kennen.

STRUKTUREN

FREITÄTIGREALISTISCHMÖGLICHFÄHIGWAHRDANKBARGESUNDTOURISTISCH
KRANKÖFFENTLICHZUFRIEDEN

-keit	-heit	-ismus
tätig – die Tätigkeit	frei – die Freiheit	realistisch – Realismus

BASISTRAINING

KB 7 STRUKTUREN

9 Wie heißen die Personen? Notieren Sie.

Diese Person …

a studiert: der Student ____________

b demonstriert: ____________

c produziert: ____________

d geht zur Wahl: der Wähler ____________

e arbeitet in der Forschung: ____________

f macht Politik: ____________

KB 11 KOMMUNIKATION

10 Tempo 30 in Städten: Ordnen Sie zu.

völlig anderer Meinung | ist doch Unsinn | sehe ich auch so | meine Meinung | ~~Ansicht nach~~ | auf keinen Fall | spricht

■ Meiner Ansicht nach (a) sollte die Höchstgeschwindigkeit überall im Stadtzentrum 30 km/h betragen. Dafür ____________ (b), dass es dann weniger Unfälle gibt.

▼ Ja genau, das ____________ (c), denn gerade für Fußgänger und Radfahrer ist der Verkehr in der Stadt ziemlich gefährlich.

▲ Ganz ____________ (d). Außerdem gibt es bei Tempo 30 weniger Lärm.

◆ Da bin ich ____________ (e). Man sollte dann langsam fahren, wenn es nötig ist. Aber doch nicht immer und überall.

● Tempo 30 überall in der Stadt?! Das ____________ (f)! Nein, ____________ (g), denn dann gibt es doch nur noch Staus.

KB 11 SCHREIBEN

11 Sie haben im Fernsehen eine Diskussionssendung zum Thema „Geschwindigkeitsbeschränkungen auf Autobahnen“ gesehen.

a Lesen Sie den Beitrag im Online-Gästebuch der Sendung und markieren Sie die Vorteile und Nachteile von Geschwindigkeitsbeschränkungen in verschiedenen Farben.

FORUM

In Deutschland darf man auf Autobahnen so schnell fahren, wie man möchte, und das soll meiner Meinung nach auch so bleiben.
Es ist Unsinn, ein Tempolimit von 120 km/h einzuführen. Wir brauchen nicht noch mehr Verbote. Es ist genug, wenn es auf gefährlichen Strecken Geschwindigkeitsbeschränkungen gibt. So richtig schnell zu fahren, macht doch auch Spaß. Ein Nachteil ist vielleicht, dass man mehr Benzin verbraucht, wenn man schneller fährt. Aber das kann ja jeder selbst entscheiden.

b Schreiben Sie selbst einen Beitrag (circa 80 Wörter). Verwenden Sie Redemittel aus 10. Gehen Sie auf folgende Punkte ein:

– Geschwindigkeitsbeschränkungen auf Autobahnen in Ihrem Land oder einem Land, das Sie gut kennen
– Vor- und Nachteile von Geschwindigkeitsbeschränkungen auf Autobahnen
– Ihre Meinung zu Geschwindigkeitsbeschränkungen auf Autobahnen

TRAINING: LESEN

1 Welche Vorteile und Nachteile haben Studiengebühren?

a Notieren Sie zwei Vorteile und zwei Nachteile.

Vorteile	Nachteile
Staat muss weniger für Universitäten bezahlen	Kosten für arme Familien

b Überfliegen Sie die Texte in 2 und markieren Sie die Stellen, in denen Argumente genannt werden.

TIPP

Sie wollen Kommentare besser verstehen? Überlegen Sie sich vor dem Lesen, welche Vor- und Nachteile es für ein Diskussionsthema geben kann. Markieren Sie in den Kommentaren die Argumente, die die Schreibenden für ihre Position nennen.

2 Lesen Sie die Texte. Ist die Person für Studiengebühren? Kreuzen Sie an.

In einer Zeitschrift lesen Sie Kommentare zu einem Artikel über die Vor- und Nachteile von Studiengebühren.

	ja	nein
a Andreas	○	○
b Robert	○	○
c Martina	○	○
d Heiko	○	○
e Angela	○	○
f Peter	○	○
g Susanne	○	○
h Juliane	○	○

Leserbriefe

(a) Sollen sich nur Kinder von reichen Eltern ein Studium leisten können? In einem Land mit einer so starken Wirtschaft ist das ein Skandal. Wir brauchen gleiche Chancen für alle. Studiengebühren verhindern, dass Kinder aus Familien mit geringem Einkommen studieren. Dadurch werden die sozialen Unterschiede in der Gesellschaft noch größer.

Andreas, 19, Berlin

(b) Es gibt genug junge Leute, die an der Uni sind, aber nicht wirklich ernsthaft studieren, weil sie vielleicht noch nicht genau wissen, was sie machen wollen. Dafür habe ich zwar Verständnis, aber das kann der Staat nicht finanzieren. Ich glaube, dass die jungen Leute verantwortungsvoller wären, wenn sie für das Studium bezahlen müssten.

Robert, 35, Dresden

(c) Wir müssen uns endlich von der Idee verabschieden, dass Bildung kostenlos ist. Studiengebühren bedeuten doch nicht, dass nur Reiche studieren können. Wenn es für Kinder aus ärmeren Familien finanzielle Unterstützung gibt, dann sind die Gebühren sozial.

Martina, 40, Stuttgart

(d) Es gab schon mal Studiengebühren. Aber es hat sich gezeigt, dass diese Gebühren weder den Studenten noch den Universitäten nützen. Denn es hat sich nicht wirklich etwas verbessert. Nicht ohne Grund ist die Mehrheit der Bevölkerung gegen Studiengebühren. Wir müssen unbedingt verhindern, dass sie wieder eingeführt werden.

Heiko, 25, München

TRAINING: LESEN

(e) Mit einem abgeschlossenen Studium verdient man doch viel mehr als nach einer Ausbildung in einem Betrieb. Aber ein Studium ist sehr teuer. Was spricht denn dagegen, dass die Studenten selbst einen kleinen Teil der hohen Kosten bezahlen? Schließlich haben sie später Vorteile. Warum soll der Steuerzahler alle Kosten übernehmen? Die Steuern sind in Deutschland so schon zu hoch.

Angela, 25, Bochum

(f) Überall fehlen gut ausgebildete Arbeitnehmer. Und wir diskutieren darüber, ob es Studiengebühren geben soll oder nicht. Das ist doch Unsinn! Wir können es uns einfach nicht leisten, dass wir unsere jungen Talente nicht so gut wie möglich ausbilden. Jeder muss die Möglichkeit haben, ein Studium zu machen. Geld darf dabei keine Rolle spielen. Die Gesellschaft muss ihre Pflicht tun.

Peter, 56, Hamburg

(g) Wenn jemand die Studiengebühren nicht selbst bezahlen kann, muss er Schulden machen, die er nach dem Studium wieder zurückzahlen muss. Wollen wir wirklich, dass junge Leute so ins Berufsleben starten? Man sollte auch bedenken, dass Bildung ein Grundrecht für alle ist.

Susanne, 45, Rostock

(h) Die Universitäten brauchen mehr Geld für Forschung und Lehre. Da werden viele meiner Meinung sein. Aber woher soll das Geld kommen? Vom Staat? – Wie soll das gehen? Höhere Steuern will doch auch niemand zahlen. Meiner Meinung nach gibt es zu Studiengebühren keine Alternative.

Juliane, 34, Frankfurt

TRAINING: AUSSPRACHE *Vokale „u“, „ü“, „i“*

▶ 2 16 **1 Was hören Sie? Kreuzen Sie an.**

	u	ü	i
a	○	○	○
b	○	○	○
c	○	○	○
d	○	○	○
e	○	○	○
f	○	○	○

▶ 2 17 **2 Hören Sie und sprechen Sie nach.**

a Umweltschutz –Klimaschutz – Kündigungsschutz – Tierschutz – Mutterschutz – Friedensschutz

b Kinder schützen – die Natur schützen – Blumen schützen – die Bürger schützen – die Demokratie schützen

▶ 2 18 **3 Zungenbrecher: Hören Sie und sprechen Sie dann: zuerst langsam und dann immer schneller.**

a Frische Früchte schmecken gut. Gut schmecken frische Früchte.

b Kieler Bürger wissen besser, was Kieler Bürger wünschen. Doch Kieler Bürger wissen nicht, dass Bürgermeister nur Bürger ohne Wünsche lieben.

TEST

1 Basiswissen Deutschland: Ordnen Sie zu.

Wörter

Opposition | ~~Demokratie~~ | Regierung | Vertreter | Bundeskanzler | Parlament | Mehrheit

In Deutschland gibt es eine Demokratie (a). Das ist eine Staatsform, in der vom Volk gewählte ________________ (b) regieren. Die Politiker treffen sich im ________________ (c), man sagt auch Bundestag. Alle vier Jahre findet die Bundestagswahl statt. Die Partei mit der ________________ (d) der Stimmen bildet die ________________ (e). Meistens bilden aber mehrere Parteien zusammen die Regierung. Dann spricht man von einer Koalition. Die anderen Parteien sind die ________________ (f). Den Chef oder die Chefin der Regierung nennt man ________________/in (g).

_ / 6 Punkte

2 Gehen Sie zur Wahl? Ergänzen Sie *entweder ... oder, weder ... noch, zwar ... aber.*

Strukturen

- ■ Ich habe mich zwar gut informiert, weiß aber (a) trotzdem nicht, wen ich wählen soll.
- ▲ Ich finde, es gibt in unserem Stadtviertel ____________ genug Kindergärten ________ (b) Plätze zum Spielen.
- ● Die großen Parteien finde ich ____________ zu langweilig ________ (c) für meine politischen Ziele nicht geeignet.
- ▼ Natürlich wähle ich! Ich finde ____________ nicht alles gut, was die Politiker entscheiden, ________ (d) wir haben das Glück, in einer Demokratie zu leben.
- ◆ Politik? Nein, danke. Ich gehe ____________ zur Wahl, ________ (e) engagiere ich mich für etwas.

_ / 4 Punkte

3 Ordnen Sie zu.

Kommunikation

sehe ich auch so | unbedingt | ist doch Unsinn | halte ich nicht viel | auf keinen Fall | Meinung nach

- ■ Du willst eine allgemeine Geschwindigkeitsbeschränkung auf Autobahnen? Das ________________ (a)! Muss man denn wirklich alles regeln?
- ▲ Nein, ________________ (b). Aber eine solche Regel rettet Leben, weil dann weniger Unfälle passieren.
- ● Das ________________ (c). Außerdem ist es besser für das Klima.
- ◆ Meiner ________________ (d) ist die Diskussion sinnlos. Meistens steht man doch sowieso im Stau. Man sollte mehr Straßen bauen!
- ▼ Davon ________________ (e). Hier braucht man neue Lösungen. Das Bahnfahren sollte zum Beispiel preiswerter werden.
- ● Ja, ________________ (f)!

_ / 6 Punkte

Wörter		Strukturen		Kommunikation	
●	0–3 Punkte	●	0–2 Punkte	●	0–3 Punkte
●	4 Punkte	●	3 Punkte	●	4 Punkte
●	5–6 Punkte	●	4 Punkte	●	5–6 Punkte

www.hueber.de/menschen/lernen

LERNWORTSCHATZ

1 Wie heißen die Wörter in Ihrer Sprache? Übersetzen Sie.

Politik und Gesellschaft

Bürgerinitiative die, -n ______
Bundeskanzler der, - ______
Demokratie die, -n ______
Demonstration die, -en ______
Energie die, -n ______
Forschung die, -en ______
Frieden der ______
Gebühr die, -en ______
Klima das, Klimata ______
Kraftwerk das, -e ______
Mehrheit die, -en ______
Minderheit die, -en ______
Minister der, - ______
Nationalfeiertag der, -e ______
Opposition die, -en ______
Parlament das, -e ______
Partei die, -en ______
Protest der, -e ______
Regierung die, -en ______
Schutz der ______
Skandal der, -e ______
Vertreter der, - ______
Volk das, ¨-er ______
Wahl die, -en ______

ein·führen, hat eingeführt ______
handeln, hat gehandelt ______
(an)nähern (sich), hat sich (an)genähert ______
regieren, hat regiert ______
verhindern, hat verhindert ______

demokratisch ______
frei ______
freie Wahlen ______
politisch ______
populär ______

Weitere wichtige Wörter

Biologie die ______
Geschwindigkeit die, -en ______
Geschwindigkeitsbeschränkung die, -en ______
Rentner der, - ______
A: Pensionist der, -en
Rente die, -n ______
A: Pension die, -en
Reportage die, -n ______
Ware die, -n ______

auf·heben, hat aufgehoben ______
betragen, er beträgt, hat betragen ______
blühen, hat geblüht ______
unterscheiden, hat unterschieden ______
zu·nehmen, du nimmst zu, er nimmt zu, hat zugenommen ______

nah ______
still ______

entweder ... oder ______
weder ... noch ______
zwar ... aber ______

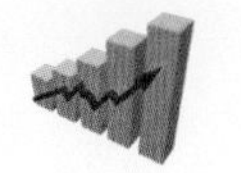

2 Welche Wörter möchten Sie noch lernen? Notieren Sie.

______
______

WIEDERHOLUNGSSTATION: WORTSCHATZ

1 Lösen Sie das Rätsel und finden Sie das Lösungswort.

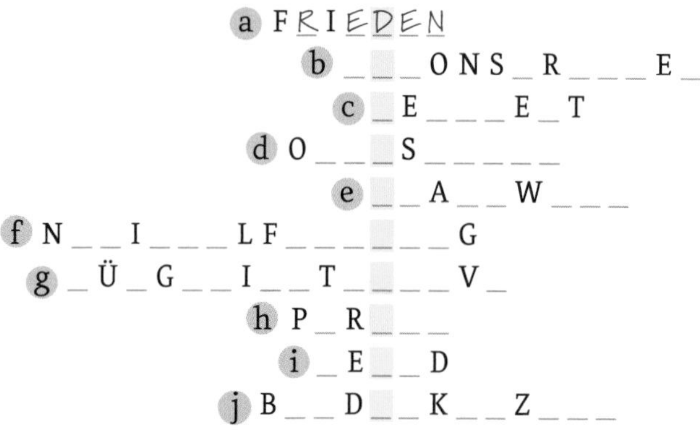

a Es herrscht kein Krieg, sondern es ist ...
b auf die Straße gehen und protestieren
c Gegenteil von Minderheit
d Parteien in einem Parlament, die nicht die Regierung bilden
e Hier wird Strom produziert.
f Der Tag der deutschen Einheit ist ein ...
g Gruppe von Menschen, die bestimmte Ziele erreichen wollen
h politische Organisation
i Nicht Freund, sondern ...
j Chef der Regierung

Lösung: D _ _ _ _ _ _ _ _ _ _

2 Urlaub ohne Stress: Ordnen Sie zu. Nicht alle Wörter passen.

Wert | aufregen | ~~Streit~~ | Ehe | Ratschlag | ungewöhnlich | Erziehung | Tränen | überrascht | Mitternacht | aufwärts

Urlaub ohne Stress

Kennen Sie das? Man freut sich auf den Urlaub, auf Sonne und Erholung. Dann liegt man endlich am Strand und es gibt häufig Streit (a) mit dem Partner oder den Kindern. Wundern Sie sich nicht – das ist nicht ____________ (b), dieses Problem kennen andere auch.

Der Psychologe Fridolin von Beck, Vater von zwei Kindern, erinnert sich gut an einen Urlaub vor zwei Jahren. Seine Familie reiste mit dem Zug nach Dänemark. Als sie kurz nach ____________ (c) endlich müde und hungrig ankamen, stellten sie fest, dass schon eine andere Familie in der Wohnung war. „Das war kein guter Start", erinnert sich von Beck, „aber danach ging es nur noch ____________ (d). Denn am nächsten Morgen fanden wir schon eine neue Unterkunft."

Seitdem weiß er, dass es für jedes Problem eine Lösung gibt und man sich nicht gleich über alles ____________ (e) sollte. Sein ____________ (f): „Legen Sie ____________ (g) auf eine gute Planung! Aber seien Sie nicht ____________ (h), wenn es anders kommt. Das ist im Urlaub wie sonst auch im Leben. Dazu gehören ____________ (i), aber auch Küsse!"

WIEDERHOLUNGSSTATION: GRAMMATIK

1 Bundeskanzlerin/Bundeskanzler – ein Traumberuf?
Was ist richtig? Kreuzen Sie an.

Man …

a ☒ muss ○ braucht nicht selbst Auto fahren.
b ○ kann ○ braucht im Kanzleramt in Berlin wohnen.
c ○ muss ○ braucht nicht ins Fitness-Studio zu gehen, weil es im Kanzleramt einen Gymnastikraum gibt.
d ○ darf ○ muss bei Veranstaltungen auf den besten Plätzen sitzen.
e ○ soll ○ braucht seine Reden nicht selbst zu schreiben.
f ○ muss ○ braucht aber auch fast rund um die Uhr arbeiten.
g ○ darf ○ muss auch als Kanzlerin/Kanzler nicht im Kanzleramt rauchen.

2 Was ist für Sie Kunst? Ordnen Sie zu.

zwar … aber | ~~nicht nur … sondern auch~~ | weder … noch | entweder … oder

a Meiner Ansicht nach sollte Kunst nicht nur schön sein, sondern auch die Gesellschaft verändern.
b Ich kann nicht sagen, was Kunst ist. ________ ich finde ein Bild gut ________ es gefällt mir nicht. Ob das andere für Kunst halten, ist mir eigentlich egal.
c Der Schriftsteller Jean Paul hat gesagt: „Kunst ist ________ nicht das Brot, ________ der Wein des Lebens." Das finde ich gut.
d Von moderner Kunst halte ich nicht viel. Die meisten modernen Künstler können doch ________ malen, ________ sind sie besonders kreativ.

3 An sieben weiteren Stellen fehlt *es*.
Markieren Sie und korrigieren Sie wie im Beispiel.
Achten Sie auch auf die Groß- und Kleinschreibung.

Es war
~~War~~ Sommer. Ich war 18 und fuhr mit einem Freund mit dem Auto nach Italien. War sehr aufregend, weil wir das erste Mal ohne Eltern in Urlaub waren. Die Fahrt war anstrengend. Denn war nicht möglich, schnell zu fahren, weil die ganze Zeit regnete. War auch gar nicht so leicht, das Hotel zu finden. Als wir endlich ankamen, war schon Mitternacht. Trotzdem gingen wir noch in die Disco. Dort lernte ich ein total süßes Mädchen kennen. Am nächsten Morgen war sonnig und warm und wir gingen an den Strand. Kaum zu glauben: Da war sie wieder! Ich habe die ganzen Ferien mit ihr verbracht. War so schön, das erste Mal so richtig verliebt zu sein.

SELBSTEINSCHÄTZUNG Das kann ich!

Ich kann jetzt …

… Wichtigkeit ausdrücken: L16
Es kam mir v____ a________ darauf an, möglichst lange wegzubleiben.
Ich konnte es k_________ er___________, bis ich volljährig wurde.
Ich ging so o____ ich k__________ zum Tanztee.

… auf Erzählungen reagieren: L16
Bei uns kam das nicht i___________.
Das ist heute kaum v_______________.
Das kann ich e___________ gesagt nicht ver__________.

… eine Lebensgeschichte nacherzählen: L17
Gabriele Münter kommt am 19.2.1877 z______ W______.
N______ dem T____ ihrer Eltern gibt sie ihre Ausbildung wieder auf.
W__________ der Z______ des Nationalsozialismus darf Gabriele Münter nicht ausstellen.
Gabriele Münter st________ mit 85 J_________ in Murnau.

… eine Meinung äußern: L18
Da bin ich völ______ a__________ Meinung.
Das s______ ich auch so.
Dag__________ spricht, dass ein Ehepartner dann seinen Beruf aufgeben muss.
Davon h________ ich nicht v_____.

… spontan auf Meinungsäußerungen reagieren: L18
Nein, auf k___________ F_____.
Das ist doch Un________!
Unbe_________!
G______ meine M___________.

Ich kenne …

… 8 Wörter zum Thema „Erinnerungen und Beziehungen“: L16

____

… 6 Wörter zum Thema „Kunst und Malerei“: L17

____

… 8 Wörter zum Thema „Politik“: L18

____

Ich kann auch …

… Notwendigkeiten verneinen und einschränken (*nicht/nur brauchen* + Infinitiv mit *zu*): L16
Also im Haushalt musste ich vor dem Abitur nicht helfen = Also im Haushalt ______

____

Ich musste nur mein Zimmer in Ordnung halten. = Ich ______________________

____

SELBSTEINSCHÄTZUNG Das kann ich!

... unpersönliche Verben verwenden (Ausdrücke mit *es*): L17
Es in festen Wendungen: ___________ leicht, diese Aufgabe zu lösen.
Tages- und Jahreszeiten: ___________ schon Abend.
Wetter: ____ schneit. ___________ neblig.
Befinden: Wie ___________ Ihnen?

... Personen und Abstrakta benennen (Nomen bilden): L18
Sport: ___________, studieren: ___________, demonstrieren: ___________
frei: ___________, dankbar: ___________, touristisch: ___________

... Alternativen, negative Aufzählungen und Gegensätze ausdrücken (Satzverbindungen: *entweder ... oder, weder ... noch, zwar ... aber*): L18
oder: Die Gründe waren ___________ nicht eingehaltene Wahlversprechen ___________ die Skandale einiger Minister.
obwohl: ___________ hält die Mehrheit der Jugendlichen die Demokratie für die beste Staatsform, ___________ die etablierten Parteien profitieren kaum davon.
nicht + nicht: Den jungen Leuten waren ___________ die Volksvertreter volksnah genug, ___________ konnten sie die Parteien gut voneinander unterscheiden.

Üben/Wiederholen möchte ich noch ...

____

RÜCKBLICK

Wählen Sie eine Aufgabe zu Lektion 16 ___________

1 Sehen Sie noch einmal das Foto im Kursbuch auf Seite 27 an.
Welche Fragen würden Sie den Personen gern zu ihrer Jugend stellen? Notieren Sie jeweils fünf Fragen.

Der junge Mann	Die ältere Dame
Was hast du am liebsten in deiner Freizeit gemacht?	*Welche Kleidung war in Ihrer Jugend in?*
Was war deine Lieblingssendung im Fernsehen?	...

2 Interview zu Jugenderinnerungen
Wählen Sie eine der beiden Personen auf dem Foto im Kursbuch auf Seite 27 oder eine andere Person, die Sie interviewen möchten. Überlegen Sie sich zunächst, was Sie fragen möchten, und denken Sie sich Antworten aus. Schreiben Sie dann das Interview.

Interview mit meinem Onkel
- ● *Wann hast du dich das erste Mal verliebt?*
- ▲ *Ich denke, dass ich ungefähr acht Jahre alt war. Ich habe mich damals in meine Klassenlehrerin verliebt. Sie war ...*

RÜCKBLICK

Wählen Sie eine Aufgabe zu Lektion 17

1 Eine Biografie

Lesen Sie noch einmal im Kursbuch auf Seite 32. Was passt zusammen? Ordnen Sie zu.

a Nach dem Tod der Eltern reist sie mit ihrer Schwester 5
b Nach der USA-Reise zieht sie ○
c Dort hat sie ○
d 1911 gründen Münter, Kandinsky und andere Künstler ○
e 1949 gibt es in München ○

1 den *Blauen Reiter.*
2 eine Ausstellung über den *Blauen Reiter.*
3 nach München.
4 Unterricht bei Wassily Kandinsky.
5 zwei Jahre durch die USA.

2 Eine Biografie

Sammeln Sie Informationen über eine Künstlerin / einen Künstler (Maler, Musiker, Schauspieler ...), die/der Sie besonders beeindruckt. Schreiben Sie dann einen biografischen Text.

Gustav Klimt wird am 14. Juli 1862 in Wien geboren. Von 1876 bis 1883 besucht er die Kunstgewerbeschule in Wien.

Wählen Sie eine Aufgabe zu Lektion 18

1 Gelebte Demokratie

Lesen Sie noch einmal die Umfrage im Kursbuch auf Seite 38. Zu welcher Person passt was? Notieren Sie die Namen.

R.D. = Richard Doebel, T.M.= Tobias Mattsen, J.K.= Jens Krämer, S.W. = Sofie Witthoeft und I.P. = Ingrid Pichler.

a Ich möchte später mal im Umweltschutz arbeiten. ______
b Ich lese Kindern vor. ______
c Ich helfe Kindern bei den Hausaufgaben. ______
d Ich habe keine Zeit für soziales Engagement. T. M.
e In meiner Freizeit betreue ich die Fußballmannschaft von meinem Sohn. ______

2 Gelebte Demokratie

Empfehlen Sie Nadine eine ehrenamtliche Tätigkeit. Sie können auch eine Tätigkeit aus dem Kursbuch auf Seite 38 auswählen.

Hallo Leute,
ich möchte mich gern sozial engagieren und weiß nicht so genau, was ich machen kann. Habt Ihr Ideen oder sogar selbst Erfahrungen? Kennt Ihr Organisationen?
Nadine

Ich arbeite einmal pro Woche bei Oxfam. Das ist eine Organisation, die armen Leuten auf der ganzen Welt hilft. Oxfam sammelt Kleidung und Bücher.

HARRY KANTO MACHT URLAUB

Teil 2: Keine Spuren

Ich betrat den Frühstücksraum der Pension, roch den frischen Kaffee und ...

Na, wenn das kein Glück ist!

„Hallo Clarissa." Die nette Frau von gestern saß an einem der Tische.

„Hallo Harry." Sie lächelte. „Sie wohnen auch hier?"

„Ja. So ein Zufall. Darf ich mich zu Ihnen setzen?"

„Klar. Was sagst du dazu, Emma?"

„Hallo Schneemann!" Das kleine Mädchen lachte und beschäftigte sich dann wieder mit seinem weichen Ei.

Ein Kellner brachte Kaffee. Frische Brötchen, Marmelade, Schinken und ein Ei holte ich mir vom Buffet.

„Haben Sie schon das Neueste gehört?" Clarissa zeigte auf die Zeitung, die neben ihr auf dem Tisch lag.

„Ein Hotel ist ausgeraubt worden."

„Hier in Schladming?"

„Ja, das *Regina*. Eines der größten der Stadt."

„Das ist ja ein Ding."

Die beiden Männer gestern im Wald neben der Piste, das Geheimnis mit dem Geld ...

Ich weiß, wer die Diebe sind!

„Tante Clarissa, gehen wir jetzt Skifahren?"

Das Mädchen war fertig mit seinem Ei.

„Ja, Emma. Kommen Sie auch mit, Harry?"

„Ich ... äh ... ich mache heute doch lieber eine Pause ... äh ... mein Fuß tut ein bisschen weh. Sie wissen ja, mein Sturz gestern ..."

„Na, dann gute Besserung. Vielleicht sehen wir uns beim Abendessen."

„Ja, das wäre schön."

Meinem Fuß ging es sehr gut, aber ich konnte jetzt unmöglich Skifahren gehen.

Auf ins Hotel Regina! Mal sehen, ob ich dort etwas finde.

Ein paar Polizeiautos standen noch auf dem Parkplatz vor dem *Regina*, sonst erinnerte nichts mehr an den Einbruch.

Ich setzte mich ins Café des Hotels, bestellte einen Cappuccino, nahm mir die Zeitungen und las alle Berichte, die ich finden konnte.

„Hotel Regina ausgeraubt! ‚Eine Katastrophe!', sagt der Hotelmanager Arno Willems ..."

Nichts Interessantes, nächster Bericht.

„... Der Täter hat im Hotel keine Spuren hinterlassen. Er hat zuerst die Sicherheitskameras ausgeschaltet und dann den Tresor geöffnet, ohne ihn zu beschädigen ..."

Interessant, der Dieb kennt das Hotel also sehr gut.

Ich nahm die letzte Zeitung. Ein großes Foto war neben dem Bericht auf der Titelseite zu sehen.

„Das gibt es ja nicht! Das ist doch ..."

Je älter ich wurde, desto ...

KB 3 WÖRTER

1 Bilden Sie Wörter. Ergänzen Sie dann und vergleichen Sie.

~~DE~~ | GRAS | ~~HEI~~ | HO | LE | NIG | PFLAN | WOL | ZE

Deutsch	Englisch	Meine Sprache oder andere Sprachen
a	grass	
b	wool	
c	honey	
d	plant	
e die Heide	heather	

KB 5 STRUKTUREN

2 Die Heidekönigin als touristisches Markenzeichen

a Verbinden Sie.

1 Je mehr Auftritte die Heidekönigin auf Messen hat,

2 Je mehr die Heidekönigin und ihre Region in den Medien dargestellt werden,

3 Je mehr Touristen auf die Region aufmerksam werden und dort Urlaub machen,

a umso besser geht es der Region wirtschaftlich.

b desto häufiger wird sie von Journalisten interviewt.

c desto bekannter wird die Region.

STRUKTUREN ENTDECKEN

b Markieren Sie die Adjektive in a wie im Beispiel und kreuzen Sie dann an.

GRAMMATIK

Die Adjektive nach *je* und *desto/umso* stehen
- ◯ im Komparativ (++: bekannter).
- ◯ im Superlativ (+++: am bekanntesten).

KB 5 STRUKTUREN

3 Verbinden Sie die Sätze mit *je ... desto/umso*.

a Man macht lange Urlaub. Man erholt sich gut.
b Man verdient gut. Man kann sich teure Reisen leisten.
c Man treibt viel Sport. Man fühlt sich fit.
d Es wird kalt. Man muss viel heizen.
e Man ist tolerant. Man hat wenig Streit.
f Man ist lange berufstätig. Die Rente ist hoch.

a Je länger man Urlaub macht, desto/umso besser erholt man sich.

KB 6 **4** **Neugierige Messebesucher: Kreuzen Sie an.**

STRUKTUREN

■ Frau Peters, haben Sie neben Ihren Auftritten ⊗ eigentlich ○ ja (a) noch Zeit für Ihre Hobbys?

▲ Sie wissen ○ ja ○ denn (b), dass ich nicht gern über mein Privatleben rede.

■ Haben Sie ○ doch ○ denn (c) heute nach der Messe schon etwas vor? Ich könnte Sie ○ denn ○ doch (d) zu einem Glas Wein einladen.

▲ Das ist sehr nett, aber leider habe ich noch einen Termin.

■ Wann passt es Ihnen ○ ja ○ denn (e) dann? Ich suche für meinen Sommerurlaub noch Ausflugstipps. Da können Sie mir ○ eigentlich ○ doch (f) sicher helfen, oder?

▲ Ja, das habe ich ○ denn ○ ja (g) vorhin schon erzählt: Für weitere Informationen können Sie sich gern in die Liste eintragen. Sie bekommen die Informationen dann zugeschickt.

KB 6 **5** **Eine Stadtführung: Ergänzen Sie die Fragen.**

KOMMUNIKATION

a ■ Ich w ü r d e __ e __ w __ s __, in welchem Jahrhundert das Rathaus gebaut wurde.

b ▲ __ t es d __ a __ h Freizeitparks in der Lüneburger Heide?

c ● Ich __ tt __ o __ eine __ g __: Wissen Sie eigentlich schon, wann das Heideblütenfest im nächsten Jahr stattfindet?

d ■ __ a __ i __ Sie __ w __ fragen? Können Sie mir einen Wanderführer empfehlen?

e ● Ich __ ü __ i __ gern e __ f __.
Wie ist das mittelalterliche Lüneburg eigentlich so reich geworden?

KB 6 **6** **E-Mail aus dem Urlaub in der Lüneburger Heide**

SCHREIBEN

a **Sie schreiben an eine Freundin / einen Freund. Machen Sie Notizen zu den Punkten.**

- Schreiben Sie: Wie gefällt Ihnen der Urlaub?
- Wie ist das Wetter?
- Wie ist die Unterkunft?
- Erzählen Sie von einem Ausflug.

b **Schreiben Sie nun die E-Mail. Schreiben Sie etwas zu allen Punkten. Denken Sie auch an eine passende Einleitung und einen passenden Schluss.**

Liebe/Lieber ...,
wir haben lange nichts voneinander gehört. Ich hoffe, dass es Dir gut geht.
Ich schreibe Dir aus der Lüneburger Heide. ...

BASISTRAINING

KB 8 WÖRTER

7 Ergänzen Sie.

Kaffee und Kuchen im Hofcafé
Heute: f e i ner (a)
__ pr __ __ ose __ kuchen (b)

Angebote für die Nebens __ i __ on (c)!
1 Woche auf familiärem C __ __ pi __ __ platz (d)
Z __ __ ten (e): nur 38 Euro
Wohnwagen-Stellplatz: nur 98 Euro

Kurzurlaub für Fa __ __ __ ingsmuffel (f)
Fliehen Sie vor dem Karneval und
er __ o __ e __ (g) Sie sich im Wellness-Hotel
2 Ü __ e __ n __ cht __ ngen (h),
2 x Frühstück sowie 2 Schlemmermenüs
Preis pro Person: 119,– Euro

NATUR ERLEBEN
Ferien auf dem Bauernhof
Hof mit Lan __ __ ir __ sch __ __ t (i)
und V __ __ hhaltung (j).
Übernachtung mit Frühstück
ab 34,-- pro Person

KB 8 STRUKTUREN

8 Parallele Lebensläufe

a Was passt? Ordnen Sie zu.

Universität | Unternehmen | Interessen | ~~Ort~~ | Vereins

1 Wir sind in demselben Ort geboren.
2 Schon als Kinder hatten wir dieselben ______________.
3 Wir haben an derselben ______________ studiert.
4 Heute arbeiten wir für dasselbe ______________.
5 Und wir sind Mitglieder desselben ______________ – des Sportvereins FIT & FRISCH.

STRUKTUREN ENTDECKEN

b Markieren Sie in a wie im Beispiel und ergänzen Sie.

	•	•	•	
Nominativ Das ist/sind …	derselbe Ort	dasselbe Unternehmen	dieselbe Universität	dieselben Interessen
Akkusativ Ich habe …	denselben Ort		dieselbe Universität	
Dativ mit …		demselben Unternehmen		denselben Interessen
Genitiv		desselben Unternehmens	derselben Universität	derselben Interessen

KB 8 STRUKTUREN

9 Was ist richtig? Kreuzen Sie an.

a Meine Eltern lieben Traditionen und haben jedes Jahr ○ dasselbe ○ demselben Urlaubsziel.
b Sie fahren immer in ○ derselbe ○ denselben Ort.
c Dieses Jahr übernachten sie zwar nicht in ○ dieselbe ○ derselben Pension wie letztes Jahr, aber sie werden bestimmt ○ dieselben ○ denselben Museen besuchen.

TRAINING: LESEN

1 Welche Überschriften passen thematisch zusammen?
Lesen Sie die Überschriften und verbinden Sie.

a Die Lüneburger Heide im Mittelalter
b Die Grüne Woche wird immer größer

1 Besucher-Tipps: Die Grüne Woche genießen
2 Die Lüneburger Heide: Eine Reise in Bildern

TIPP: In Prüfungen müssen Sie Zeitungstexten eine passende Überschrift zuordnen. Je Zeitungstext gibt es zwei Überschriften, aber nur jeweils eine passt genau zu dem Text. Suchen Sie zunächst die beiden Überschriften, die inhaltlich zusammenpassen könnten.

2 Lesen Sie nun die Texte.
Welche Überschrift aus 1 passt? Ordnen Sie zu.

TIPP: Achten Sie beim Lesen der Texte nicht auf einzelne Wörter, sondern auf die globale Aussage und wählen Sie dann die passende Überschrift.

◯ Auch in diesem Jahr macht die Internationale Grüne Woche Lust auf Erlebnis und Genuss. Die internationale Verbraucherschau für Landwirtschaft, Ernährung und Gartenbau bietet ein umfangreiches Programm für Entdecker und Genießer. Für das komplette Messeprogramm sollten Sie drei volle Tage einplanen. Es gibt aber auch kürzere thematische Touren, die Sie mit Kindern oder an einem halben Tag machen können. Seien Sie dabei: Es gibt viel zu sehen, zu entdecken, zu probieren und zu kaufen. Wir haben zehn Tourenvorschläge für Sie zusammengestellt. Die Touren finden Sie unter …

◯ Die Lüneburger Heide zählt zu den klassischen Reisezielen und Urlaubsregionen. Sie ist das älteste Naturschutzgebiet Deutschlands. Hier finden Sie grasende Heidschnucken, dunkle Wälder, tiefe Moore und feuchte Sandheiden. In der alten Hansestadt Lüneburg und der ehemaligen Fürstenresidenz Celle gibt es noch viele mittelalterliche Häuser und kostbare Kunstschätze zu sehen. Der neue Bildband, der jetzt im Reise-Verlag erschienen ist, enthält nicht nur großformatige Farbfotos, sondern auch zahlreiche geschichtliche und aktuelle Informationen. Bestellen können Sie das Buch unter …

TRAINING: AUSSPRACHE *Modalpartikeln*

▶ 2 19 **1 Hören Sie und markieren Sie den Satzakzent: ___.**

a ■ Machen Sie doch mal Urlaub auf unserem Bauernhof. ↘
▲ Gern. ↘ Was kostet denn eine Übernachtung? ↘
■ Vierzig Euro pro Person und Nacht. ↘

b ■ Warum ist denn hier nichts los? ↘
▲ Das ist zu dieser Zeit ganz normal. ↘ Die meisten Gäste kommen ja erst zum Heideblütenfest. ↘
■ Wann ist eigentlich das Heideblütenfest? ↘
▲ Ende August. ↘

c ■ Urlaub im Hotel? ↗ Das ist viel zu teuer! ↘
▲ Sie könnten doch auch zelten. ↘
■ Ich mag Camping nicht. ↘
▲ Dann kommen Sie doch im Herbst. ↘ Sie wissen ja: → Die Preise sind in der Nebensaison viel günstiger. ↘

d ■ Suchen Sie ein Souvenir aus der Heide? ↗ Bringen Sie doch Heidehonig mit. ↘
▲ Ah! ↘ Sie haben Bienen? ↗ Kann man denn Honig bei Ihnen kaufen? ↗

Lesen Sie die Gespräche mit Ihrer Partnerin / Ihrem Partner.

TEST

1 Leben wie früher! Ordnen Sie zu.

WÖRTER

Übernachtung | erholen | ~~Landwirtschaft~~ | Hauptsaison | Wolle | zelten | Jahrhunderten | Vieh | treiben

Unser Hof ist ein alter Bergbauernhof im Tessin. Hier leben schon seit ______________ (a) Bauern, die sich von der Landwirtschaft (b) ernähren. Als ______________ (c) haben wir 15 Milchkühe und ungefähr 80 Schafe.

Sie können sich bei uns vom Alltagsstress ______________ (d), wandern, Sport ______________ (e) oder aktiv am Hofleben teilnehmen. Wir zeigen Ihnen, wie man die ______________ (f) von Schafen bearbeitet.

Freuen Sie sich über günstige Preise auch in der ______________ (g). Eine ______________ (h) für zwei Personen bekommen Sie bereits ab 49 Euro. Aber Sie können auch ______________ (i), denn gleich neben dem Bauernhaus gibt es einen Campingplatz.

_ / 8 PUNKTE

2 Bilden Sie Sätze mit *je ... desto/umso* und dem Komparativ.

STRUKTUREN

a Ich bin oft in der Heide. Es gefällt mir gut dort.
b Es wird kalt. Das Fell der Schafe ist dick.
c Ich weiß viel über die Heidelandschaft. Es ist mir wichtig, sie zu erhalten.

a Je öfter ich in der Heide bin, desto/umso besser gefällt es mir dort.

_ / 2 PUNKTE

3 Tipps zum Wandern: Ergänzen Sie *doch, eigentlich, ja*.

STRUKTUREN

■ Ich habe euch ja (a) schon vom Königsweg erzählt. Macht ______________ (b) morgen diese Wanderung.
▲ Gute Idee! Gibt es ______________ (c) auch einen Wanderführer?
■ Ja natürlich, bei der Touristeninformation. Geht ______________ (d) gleich dorthin.

_ / 3 PUNKTE

4 Fragen zur Präsentation über das Moor: Ergänzen Sie.

KOMMUNIKATION

▲ Das war sehr interessant. Die Moore sind ja wirklich wichtig für Tiere und Pflanzen. Nun _ ä _ _ e ich n _ _ _ e n _ F _ a _ _ (a): W _ ss _ _ Sie _ ig _ _ tl _ _ _ (b), ob Moore auch das Klima beeinflussen?
● I _ _ wü _ _ _ _ er _ w _ s _ _ _ (c), was die Politik macht, um das Moor zu schützen.
■ D _ r _ ich Sie _ t _ _ _ fr _ _ _ _ (d)? Gibt es eigentlich auch Fische im Moor?

_ / 4 PUNKTE

Wörter		Strukturen		Kommunikation	
●	0–4 Punkte	●	0–2 Punkte	●	0–2 Punkte
●	5–6 Punkte	●	3 Punkte	●	3 Punkte
●	7–8 Punkte	●	4–5 Punkte	●	4 Punkte

www.hueber.de/menschen/lernen

LERNWORTSCHATZ

1 Wie heißen die Wörter in Ihrer Sprache? Übersetzen Sie.

Landschaft und Tourismus

Camping das ____________
A/CH: auch: Zelten das
Campingplatz der, ⸚e ____________
CH: Zeltplatz der, ⸚e
Ereignis das, -se ____________
ereignen (sich), hat sich ereignet ____________
Gras das, ⸚er ____________
Honig der, -e ____________
Landwirtschaft die ____________
Saison die, -s ____________
Haupt-/Nebensaison die, -s ____________
Tradition die, -en ____________
Übernachtung die, -en ____________
Vieh das ____________
Wolle die ____________

erholen (sich), hat sich erholt ____________
zelten, hat gezeltet ____________

flach ____________

Weitere wichtige Wörter

Aprikose die, -n ____________
A: Marille die, -n

Auftritt der, -e ____________
Fasching der, -e oder -s ____________
CH: Fasnacht die
Jahrhundert das, -e ____________
Titel der, - (Dr./Mag.) ____________
(CH: lic.)
dar·stellen, hat dargestellt ____________
heizen, hat geheizt ____________
leisten (sich), hat sich geleistet ____________
treiben, hat getrieben ____________
Sport treiben ____________

berufstätig ____________
dankbar ____________
fein ____________
tolerant ____________
umsonst ____________

der-/die-/dasselbe ____________

jedoch ____________
je … desto/umso ____________

2 Welche Wörter möchten Sie noch lernen? Notieren Sie.

____
____
____
____
____
____
____
____
____
____

Die anderen werden es dir danken!

KB 3 **1** **Wie heißt das Gegenteil? Verbinden Sie.**

WÖRTER

a siezen	untersagt sein
b auf dem Berg	Dreck machen
c anziehen	auf dem Boden
d erlaubt sein	steil
e an der Decke	nicht genug / zu wenig
f putzen	im Tal
g flach	duzen
h ausreichend	ausziehen

KB 3 **2** **Ordnen Sie zu. Nicht alle Wörter passen.**

WÖRTER

gelten | umgehen | sein | ~~spielen~~ | ereignen | verunglücken | zunehmen | nehmen | treten | sorgen | regeln | dienen

a eine Szene *spielen*
b auf die Nachbarn Rücksicht ____________
c Regeln, die für alle ____________
d für das Wohl der Gäste ____________
e das Zusammenleben in einer Gemeinschaft ____________
f bei einem Verkehrsunfall ____________
g einem guten Zweck ____________
h in Lebensgefahr ____________
i jemandem auf den Fuß ____________
j sparsam mit Wasser ____________

KB 3 **3** **Regeln für Wanderer**

STRUKTUREN

a **Verbinden Sie die Sätze.**

1 Bereiten Sie sich auf anstrengende Bergtouren vor,	sodass die Tiere im Wald nicht gestört werden.
2 Man sollte immer eine warme Jacke mitnehmen,	sodass Sie Ihr Ziel noch bei Tageslicht erreichen.
3 Gehen Sie früh genug los,	machen Sie dem Hüttenwirt das Leben leichter.
4 Bleiben Sie immer auf den markierten Wegen,	indem Sie regelmäßig Sport treiben.
5 Indem Sie Übernachtung und Frühstück schon am Abend bezahlen,	sodass man auch bei schlechtem Wetter nicht friert.

STRUKTUREN ENTDECKEN

b **Wo wird ein Resultat angegeben und wo ein Mittel? Markieren Sie die Nebensätze mit verschiedenen Farben und kreuzen Sie die Regel an.**

GRAMMATIK

Mit ○ indem ○ sodass kann man ein Mittel angeben.
Mit ○ indem ○ sodass kann man ein Resultat angeben.

KB 4 STRUKTUREN

4 Ergänzen Sie *sodass* oder *indem*.

Herzlich Willkommen in Bad Au

Ratgeber: Tipps für Bergtouren

- Nehmen Sie auf eine Bergtour grundsätzlich ein Handy mit, sodass (a) Sie im Notfall Hilfe holen können.
- Informieren Sie sich über das Wetter, __________ (b) Sie vor der Tour einen aktuellen Bergwetterbericht im Internet lesen.
- Wenn Sie neue Wanderstiefel haben, sollten Sie sie vor längeren Bergtouren oft anziehen, __________ (c) sich Ihre Füße an die Schuhe gewöhnen.
- In den Bergen ist die Sonne besonders stark. __________ (d) Sie einen Hut und eine Sonnenbrille tragen, können Sie sich schützen.
- Nehmen Sie ausreichend Wasser mit, __________ (e) Sie immer genug zu trinken haben.
- Ihr Rucksack sollte nicht zu schwer sein, __________ (f) Sie ihn auch längere Zeit tragen können.

KB 4 STRUKTUREN

5 Meine erste Hüttentour: sodass oder indem? Ergänzen Sie die Sätze.

a Der Weg war wahnsinnig steil, sodass ich schon nach einer Stunde total kaputt war.
(Ich war schon nach einer Stunde total kaputt.)

b Leider war es neblig, ____________________.
(Wir hatten keine schöne Aussicht.)

c Wir hatten genug Proviant eingepackt, ____________________.
(Wir konnten uns während der Wanderung stärken.)

d Der Hüttenwirt hat für Nachtruhe gesorgt, ____________________.
(Er hat um zehn Uhr das Licht in der Hütte ausgemacht.)

KB 5 WÖRTER

6 Welches Wort hat eine andere Bedeutung?
Streichen Sie das falsche Wort durch.

a Wir hatten ~~Verbesserungen~~ / Schwierigkeiten / Probleme, den richtigen Weg zu finden. Denn nirgends / überall / an keiner Stelle gab es ein Schild.

b Es ist sinnvoll / sinnlos / vernünftig, eine gute Landkarte mitzunehmen.

c Es hat geklappt / ist uns gelungen / ist schiefgegangen: Wir haben noch einen Schlafplatz in einer ziemlich vollen Hütte bekommen.

d Ich hatte sogar meine Stirnlampe vergessen / mitgenommen / eingesteckt.

e Natürlich haben wir die Angebote / Regeln / Vorschriften in der Hütte beachtet.

f Dauernd / Manchmal / Immer wieder hat der Wirt uns gefragt, ob wir etwas trinken wollen.

g Der Wirt hat auch bekannt gegeben / darüber informiert / achtgegeben, wann der nächste Hüttenmusikabend stattfindet.

h Nachts war es in der Hütte sehr ruhig / laut / still.

i Um fünf Uhr hat ein Wecker geklingelt. Da waren dann alle auf / wach / müde.

KB 5 **7** **Ordnen Sie zu.**

KOMMUNIKATION

schon verlangen | unheimlich wichtig | wesentlich wichtiger ist | ich nicht sehr viel | ich unfair | ~~legen größten Wert~~ | für mich undenkbar | lehne ich ab | Hauptsache ist doch

Naturfreunde oder Umweltzerstörer?

Wanderer legen größten Wert **(a) auf Ruhe. Im Gegensatz dazu suchen Biker in den Bergen die sportliche Herausforderung. Deshalb kommt es öfter zu Interessenskonflikten. Wir haben zwei Bergfreunde nach ihrer Meinung gefragt.**

Ich gehe sehr gern in den Bergen wandern, aber dort Mountainbike zu fahren, wäre ______________ (b). Von solchen Sportarten halte ______________ (c), weil sie der Natur schaden. Ich finde es ______________ (d), dass man die Landschaft in Ruhe genießen kann. Am allerschlimmsten finde ich, wenn Mountainbike-Rennen mit mehreren hundert Teilnehmern stattfinden. Das ______________ (e).

Viele sagen, dass Mountainbiker die Landschaft zerstören. Das finde ______________ (f). Mountainbiker haben doch auch das Recht, ihre Freizeit in den Bergen zu verbringen. Die ______________ (g), dass man sich an bestimmte Regeln hält. Man kann z.B. ______________ (h), dass jeder seinen Müll wieder mitnimmt und ______________ (i) natürlich noch, dass man auf den Wegen bleibt. Aber das gilt sowohl für Mountainbiker als auch für Wanderer.

KB 5 **8** **Immer diese Regeln!**

SPRECHEN

a **Welche Regeln kennen Sie noch? Schreiben Sie zu jedem Thema eine eigene Regel.**

öffentliche Orte (Restaurants, Museen ...)
In Restaurants und Kneipen ist es untersagt zu rauchen. ...

Reisen
In Jugendherbergen dürfen grundsätzlich keine Tiere mitgebracht werden. ...

Wohnen
In vielen Mietshäusern darf man nur bis 20 Uhr ein Instrument spielen. ...

b **Was halten Sie von diesen Regeln? Diskutieren Sie mit Ihrer Partnerin / Ihrem Partner über die Regeln in a.**

Ich finde, man kann schon verlangen, dass die Leute in Restaurants nicht rauchen. Diese Regel finde ich sinnvoll. ...

TRAINING: HÖREN

1 Skitourismus und Umwelt

a Sehen Sie die Fotos an und lesen Sie die Sätze 1–8 in b. Sammeln Sie Argumente zu dem Thema.

Skipiste

Kunstschnee aus einer Schneekanone

positive Aspekte
Freizeit in der Natur verbringen

negative Aspekte
macht die Umwelt kaputt

▶ 2 20 **b Lesen Sie noch einmal. Hören Sie dann die Diskussion. Wer sagt was? Ordnen Sie die Aussagen zu und kreuzen Sie an, M = Moderator, T = Frau Tremmel und N = Herr Nadler. Sie hören die Diskussion zweimal.**

TIPP: In Prüfungen müssen Sie bei einer kontroversen Diskussion verstehen, welche Meinung die verschiedenen Gesprächsteilnehmer haben. Überlegen Sie vor dem Hören: Welche Meinungen könnte es zu dem Thema geben? Die Aufgaben können dabei helfen.

Der Moderator einer Diskussionssendung im Radio diskutiert mit dem Autor Frank Nadler und der Tourismusmanagerin Regina Tremmel über das Thema „Skitourismus und Umwelt".

	M	T	N
1 Vier Millionen Leute fahren jeden Winter in den Alpen Ski.	☒	○	○
2 Viele Menschen legen Wert darauf, ihre Freizeit in der Natur verbringen zu können.	○	○	○
3 Immer öfter herrscht in Wintersportregionen Schneemangel.	○	○	○
4 Man sollte auf keinen Fall Kunstschnee verwenden.	○	○	○
5 Kunstschnee verhindert, dass der Boden zerstört wird, wenn nicht ausreichend Schnee liegt.	○	○	○
6 Ohne Skitourismus würde es kaum Arbeitsplätze geben.	○	○	○
7 Man sollte nicht mit dem eigenen Auto anreisen.	○	○	○
8 Es sollte nicht noch mehr Skigebiete geben.	○	○	○

TRAINING: AUSSPRACHE *Nasale „m", „n", „ng", „nk"*

▶ 2 21 **1 Hören Sie und sprechen Sie nach.**

a nimm – Sinn
b kann – krank
c drinnen – trinken
d dann – Dank
e Decke – denken
f Lamm – lang

▶ 2 22 **2 Hören Sie und sprechen Sie dann.**

Tipps für eine lange Bergwanderung:
Reserviere unbedingt beim Wirt,
sonst bekommst du keinen Schlafplatz.
Bring einen eigenen Schlafsack mit
und Bargeld für die Übernachtung.
Denk an genug zu trinken,
nimm Rücksicht auf die Natur
und deinen Müll wieder mit.
In der Hütte keine klingelnden Handys.
Das kann man schon verlangen.
Die anderen werden es dir danken.

TEST

1 Ausflug in die Berge: Ordnen Sie zu.

WÖRTER

~~Hütte~~ | Proviant | Tal | Bergstiefel | zieht | reichen | Aussicht

Hallo Ihr Lieben,
anbei erhaltet Ihr noch ein paar weitere Informationen zu unserer Bergtour.
Da wir am Mittwoch erst gegen 18 Uhr in der Hütte (a) zu Abend essen, nehmt bitte genügend ________________ (b) für den Tag mit. Am Donnerstag wandern wir den „Alpenblick-Weg" entlang, genießen dort die großartige ________________ (c) und nehmen um 17 Uhr die letzte Gondel ins ________________ (d). In der Hütte sind Straßenschuhe verboten. Bitte ________________ (e) deshalb eure ________________ (f) gleich in der Eingangshalle aus!
Und denkt daran: Turnschuhe ________________ (g) für die Wanderung nicht aus!

_ / 6 PUNKTE

2 In den Bergen: *indem* oder *sodass?* Ergänzen Sie.

STRUKTUREN

a Machen Sie in den ersten Tagen kürzere Wanderungen,
sodass Sie sich an die Höhenluft gewöhnen. (sich an die Höhenluft gewöhnen)
b Nehmen Sie die richtige Kleidung mit, ________________
________________. (bei Kälte geschützt sein)
c ________________,
können Sie auch im Notfall schnell Hilfe holen. (immer ein Handy mitnehmen)
d Packen Sie Pflaster und Verbandsmaterial ein, ________________
________________. (bei einer Verletzung helfen können)
e Schonen Sie die Natur, ________________.
(auf den markierten Wegen bleiben)

_ / 4 PUNKTE

3 Hüttenregeln: Ordnen Sie zu.

KOMMUNIKATION

unheimlich wichtig | mich undenkbar | größten Wert | man das sieht | aber nicht fair | man schon verlangen

■ Wir haben letzte Woche in einer Hütte unsere eigenen Brote gegessen. Der Wirt wollte trotzdem von jedem von uns 2,50 Euro. Ich habe bezahlt, finde diese Regel ________________ (a). Was denkt ihr?

▲ Das wäre für ________________ (b)! Ich wäre einfach gegangen.

● Es kommt darauf an, wie ________________ (c). Du konntest in einem warmen Raum sitzen und die Toilette benutzen. Das kostet alles Geld! Da kann ________________ (d), dass du etwas bezahlst.

◆ Danke für den letzten Beitrag, den finde ich ________________ (e). Ich bin selbst Hüttenwirt und kann aus eigener Erfahrung nur zustimmen.
Übrigens: Wer etwas zu trinken bestellt, muss die 2,50 Euro natürlich nicht bezahlen. Darauf lege ich ________________ (f).

_ / 6 PUNKTE

Wörter		Strukturen		Kommunikation	
●	0–3 Punkte	●	0–2 Punkte	●	0–3 Punkte
●	4 Punkte	●	3 Punkte	●	4 Punkte
●	5–6 Punkte	●	4 Punkte	●	5–6 Punkte

www.hueber.de/menschen/lernen

LERNWORTSCHATZ

1 Wie heißen die Wörter in Ihrer Sprache? Übersetzen Sie.

In den Bergen
Aussicht die, -en
Dreck der
Hütte die, -n
Imbiss der, -e
A: Jause die, -n
CH: Znüni, auch: Zvieri der/das, -
Lebensgefahr die, -en
Stein der, -e
Stiefel der, -
Tal das, ¨-er
Unglück das, -e
verunglücken, ist verunglückt
Wirt der, -e

aus·ziehen, hat ausgezogen
siezen, hat gesiezt
sorgen für, hat gesorgt
treten, ist getreten

steil
umsonst
untersagt sein

Regeln
Gemeinschaft die, -en
Rücksicht die, -en
Rücksicht nehmen auf
Vorschrift die, -en
Wohl das
Zweck der, -e

dienen, hat gedient
gelten, es gilt, hat gegolten

regeln, hat geregelt
verlangen, hat verlangt

dauernd
grundsätzlich
ruhig
sinnvoll

wesentlich
wesentlich wichtiger

Weitere wichtige Wörter
Decke die, -n
Resultat das, -e
Schwierigkeit die, -en
Szene die, -n

aus·reichen, hat ausgereicht
CH: genügen
ausreichend
A: auch: genug
bekannt geben, du gibst bekannt, er gibt bekannt, hat bekannt gegeben
(ein)stecken, hat (ein)gesteckt
klappen, es hat geklappt
A/CH: funktionieren
klingeln, hat geklingelt
A/CH: auch: läuten
um·gehen mit, ist umgegangen

auf sein
unheimlich

nirgends

indem
sodass

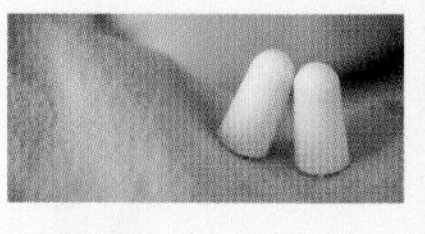

2 Welche Wörter möchten Sie noch lernen? Notieren Sie.

Vorher muss natürlich fleißig geübt werden.

KB 4 **1** **Ergänzen Sie die Wörter.**

WÖRTER

Liebe Billa,
endlich habe ich Zeit, Dir von unserer Tournee zu schreiben. Wir haben nämlich zwei Tage frei. Vier Wochen sind wir jetzt schon kr_e_u_z_und q_u_e_r (a) auf allen Autobahnen Deutschlands unterwegs und essen dabei kiloweise G __ b __ c __ (b). Leider sieht man meistens von der U __ g __ bu __ g (c) nicht so viel. Gestern ging ziemlich viel schief: Zuerst sind wir bei der falschen A __ sf __ h __ t (d) von der Autobahn abgefahren. Es war meine S __ h __ ld (e), denn ich hatte nicht richtig aufgepasst. Natürlich sind wir viel zu spät zum Ko __ __ e __ ts __ __ l (f) gekommen, dann haben wir die G __ r __ er __ be (g) nicht gleich gefunden und beim Soundcheck ging auch noch ein La __ t __ pr __ cher (h) kaputt. E __ tg __ gen (i) unserer Erwartung war das Konzert dann trotzdem toll. Das P __ bl __ k __ m (j) war super und die S __ i __ m __ ng (k) fantastisch, obwohl nicht einmal alle Plätze b __ se __ z __ (l) waren. Vielleicht haben sich ja wichtige Leute vom Radio unter das Publikum g __ mi __ ch __ (m) und wir werden jetzt so richtig berühmt. ☺
Ü __ e __ m __ r __ en (n) spielen wir in Berlin. Mal sehen, wie da der E __ pfan __ (o) ist.
So __ an __ e (p) unser letztes Konzert kein M __ ss __ rf __ lg (q) wird, ist es o.k., auch wenn es vielleicht nicht so toll wird wie das g __ st __ ig __ (r).

KB 5 **2** **Orte in der Stadt: Bilden Sie Wörter, ordnen Sie zu und ergänzen Sie den Artikel.**

WÖRTER

~~platz~~ | di | haus | fuß | bad | ger | zo | hal | park | len | sta | ne | ~~markt~~ | haus | on | gän | kauf

a Da findet der Markt statt: *der Marktplatz*
b Da kann man auch im Winter schwimmen: ______
c Da finden Fußballspiele oder andere Veranstaltungen statt: ______
d Da dürfen keine Autos fahren: ______
e Da kann man drinnen parken: ______
f Da kann man viele verschiedene Waren kaufen: ______

KB 5 **3** **Lokale Präpositionen**

STRUKTUREN ENTDECKEN

a Ordnen Sie zu.

außerhalb | ~~innerhalb~~ | an … entlang | um … herum

1 Die Kinder dürfen nur *innerhalb* des Gartens spielen.

2 Aber die Kinder spielen auch gern ______ des Gartens.

3 Die Kinder laufen ______ der Kirche ______.

4 Die Kinder laufen ______ die Kirche ______.

b Ergänzen Sie die Präpositionen aus a.

mit Akkusativ	mit Dativ	mit Genitiv
		innerhalb

KB 5 STRUKTUREN

4 Ordnen Sie zu und ergänzen Sie die Präpositionen und die Artikel in der richtigen Form.

um ... herum | ~~durch~~ | gegenüber von | außerhalb | innerhalb | am ... entlang | zu

Gestern habe ich eine Fahrradtour gemacht. Eigentlich wollte ich durch den (a) Schlosspark fahren. Aber _______ d___ (b) Schlossparks sind Fahrräder verboten. Deshalb musste ich ___ d___ ganzen Park _______ (c) fahren. Dann bin ich immer weiter ___ Fluss _______ (d) gefahren, bis ich _______ d___ (e) Stadt war. Dann bin ich abgebogen. Ich kam ___ ein___ (f) kleinen Kirche. _______ d___ (g) Kirche stand eine Bank. Dort habe ich angehalten und eine Pause gemacht.

KB 5 STRUKTUREN

5 Schwierigkeiten

Ergänzen Sie *außerhalb* oder *innerhalb* und die fehlenden Endungen.

a Ich buche ein teures Hotelzimmer, das außerhalb der • Saison nur die Hälfte gekostet hätte.
b Als ich beim Arzt anrufe, höre ich vom Anrufbeantworter die Ansage: „Leider rufen Sie _______ d___ • Sprechzeiten an."
c Ich habe eine hohe Rechnung bekommen, die ich _______ d___ nächst___ • Monats zahlen soll.
d Ich warte seit zwei Wochen auf ein bestelltes Buch, das mir der Online-Händler eigentlich _______ wenig___ • Tage liefern wollte.
e Am Abend habe ich einen beruflichen Termin. Da muss ich hingehen, obwohl er _______ mein___ • Arbeitszeit stattfindet.

KB 7 WÖRTER

6 Schreiben Sie die Wörter richtig.

a Unsere erste CD ist in einem Studio (DIOSTU) in Hamburg entstanden.
b Bei Konzerten _______ wir uns wie richtige Stars ___ (ENKOMMVOR).
c Manchmal müssen wir den Saal nach dem Konzert durch den _______ (GANGNTAOUS) verlassen, weil am Haupteingang zu viele Fans auf uns warten.
d Wir freuen uns immer, wenn es etwas zu essen gibt. Nicht alle Veranstalter sorgen für die _______ (UNGPFLEGVER) der Musiker.
e Viele Freunde helfen uns, indem sie in der Fußgängerzone Prospekte und Flyer _______ (TEIVERLEN).
f Der Bus, den wir für unsere erste Tournee gekauft haben, ist in einem schlechten _______ (STANDZU), aber wenigstens war er billig.
g Es wäre schön, wenn wir einen Manager hätten, der unsere Papiere _______ (NETORD) und die ganze Büroarbeit für uns macht.

KB 7 STRUKTUREN

7 Was wird nach dem Konzert gemacht? Schreiben Sie Sätze im Passiv.

a zuerst das Licht im Saal einschalten
b dann die Instrumente einpacken
c danach die Technik abbauen
d leere Flaschen und Gläser an die Bar bringen
e anschließend die Stühle aufräumen
f am Ende die Halle sauber machen

a Zuerst wird das Licht im Saal eingeschaltet.

KB 7 STRUKTUREN ENTDECKEN

8 Bankgeschäfte: Ergänzen Sie die Tabelle. Schreiben Sie die Sätze im Aktiv.

a Bargeld Die Kunden	kann können	auch am Automaten Bargeld auch am Automaten	eingezahlt einzahlen.	werden.
b Bis zu 500 Euro Man	können	am Automaten	abgehoben	werden.
c Kredite Die Kunden	müssen	in der Kreditabteilung	beantragt	werden.
d Rechnungen Man	müssen	innerhalb eines Monats	bezahlt	werden.

KB 7 STRUKTUREN ENTDECKEN

9 Ein Konzert wird organisiert. Was muss getan werden?

Markieren Sie die Wörter im Akkusativ. Schreiben Sie dann die Sätze im Passiv.

Der Veranstalter muss …
a einen geeigneten Konzertsaal suchen.
b einen passenden Termin finden.
c Plakate drucken.
d die Hotelzimmer für die Band buchen.
e einen kleinen Tournee-Bus organisieren.
f die Presse informieren.

a Ein geeigneter Konzertsaal muss gesucht werden.

KB 8 STRUKTUREN

10 So soll man sich in einem klassischen Konzert verhalten.

Schreiben Sie die Sätze im Passiv.

a Nur in der Pause – telefonieren – dürfen
b Während des Konzerts – nicht fotografieren – dürfen
c Auch beim Lieblingslied – nicht mitsingen – sollen
d Während der Vorstellung nicht essen oder trinken – können
e Während des Konzerts – nicht aufstehen – sollen

a Es darf nur in der Pause telefoniert werden.
Nur in der Pause darf telefoniert werden.

KB 8 STRUKTUREN

11 Kurz vor der Tournee: Schreiben Sie die Sätze im Passiv.

a den Zustand des Tournee-Busses prüfen müssen
b den Veranstalter anrufen müssen
c am Tag vorher Verpflegung kaufen müssen
d während der Fahrt noch üben können
e den kaputten Lautsprecher reparieren müssen
f vor der Abfahrt noch tanken müssen
g im Tournee-Bus nicht rauchen dürfen

a Der Zustand des Tournee-Busses muss geprüft werden.

KB 10 **12** **Ergänzen Sie die Wörter.**

WÖRTER

Hi Leute! **Welche Stadt, die ihr in letzter Zeit besucht habt, könnt ihr empfehlen?**

Also am meisten begeistert (a) hat mich persönlich Wien. Dort gibt es ein großes kulturelles A_______t (b). Wien hat im Ver_______h (c) zu anderen Städten auch die schönsten Kaffeehäuser.
Viele davon gab es schon seit Anfang des vorigen Jah_______s (d).
Eines der tollsten E_______e (e) war der Besuch von Schloss Schönbrunn.
Wir haben eine Woche in Wien verbracht und haben uns keine Sek_______e (f) gelangweilt.

Ich war im Sommer in Sankt Gallen in der Schweiz. Am besten gefallen hat mir die Stiftsbibliothek. Die interessantesten Ec_______n (g) gab es in der Altstadt. Außerdem herrschte in dieser Stadt eine nette Atm_______e (h). Die Menschen haben uns sehr freundlich beha_______t (i). Also die Gastf_______t (j) war wirklich toll. Wir hatten auch das Vergn_______n (k) einer Schifffahrt auf dem Bodensee. Ich möchte bald wieder nach Sankt Gallen fahren. Eine nette Schweizerin, die ich auf dem Schiff kennengelernt habe, ist sch_______d (l) daran.

KB 11 **13** **Verbinden Sie.**

KOMMUNIKATION

a Dresden ist eine
b Diese Stadt ist immer
c Hier finden Sie nicht nur berühmte Gebäude,
d Besonders empfehlenswert ist
e Dieses Stadtviertel hat
f Eine Schifffahrt entlang der Elbe dürfen Sie
g Wenn Sie neugierig geworden sind,

die nettesten Gaststätten und Geschäfte.
auf keinen Fall versäumen.
der schönsten Städte in Deutschland.
dann informieren Sie sich doch auf der Homepage der Stadt.
einen Besuch wert.
die Dresdner Neustadt.
sondern auch interessante Museen.

KB 11 **14** **Was ist richtig? Hören Sie und korrigieren Sie die Sätze.**
▶ 2 23

HÖREN

a Zürich liegt am Ufer eines Sees und es gibt dort ~~einen Fluss~~ zwei Flüsse.
b Im Vergleich zu anderen Großstädten ist Zürichs Atmosphäre dynamisch.
c Die Bahnhofstraße ist eine sehr bekannte Einkaufsstraße mit modernen Gebäuden.
d Direkt neben dem Schauspielhaus ist das Kunsthaus.
e Im Kunsthaus werden Werke vom 15. Jahrhundert bis zum 19. Jahrhundert ausgestellt.
f Zürich-West ist ein wichtiges Industriegebiet mit vielen Fabriken.
g Das Wasser des Flusses Limmat kann man trinken.
h Im *Frauenbadi*, das vor über 100 Jahren an der Limmat entstand, dürfen heute auch Männer baden.
i Viele Künstler und bekannte Persönlichkeiten sind in Zürich geboren.
j Zürich ist die Hauptstadt der Schweiz.

1 Lesen Sie die E-Mail an das Tourismusbüro in Dresden und ordnen Sie zu.

Es wäre sehr freundlich | Bitte teilen Sie mir auch mit | Könnten Sie mir | ~~Daher möchte ich Sie~~ | Ich hätte außerdem noch gern

Sehr geehrte Damen und Herren,

ich organisiere für eine Gruppe von 12 Teilnehmern aus verschiedenen Ländern eine Wochenendreise nach Dresden. Für die Planung brauche ich noch ein paar Informationen.
Daher möchte ich Sie (a) um Ihre Hilfe bitten.
Wir möchten am Samstag eine Stadtführung machen. ______________________ (b) eine Führung empfehlen, die besonders für junge Leute interessant ist? Muss man sich dazu anmelden?
______________________ (c), wie viel die Führung kostet und ob es eine Ermäßigung für Studenten gibt.
______________________ (d) Infomaterial über Dresden.
______________________ (e), wenn Sie mir Prospekte über die Stadt zusenden könnten. Meine Adresse finden Sie am Ende der E-Mail.

Im Voraus vielen Dank für Ihre Mühe.

Mit freundlichen Grüßen

TIPP

Sie möchten in einer formellen E-Mail bei einer Firma oder Institution um Informationen bitten und haben mehrere Fragen? Nennen Sie in der Einleitung den Grund, warum Sie schreiben. Verwenden Sie für Ihre Bitten verschiedene höfliche Formulierungen und bedanken Sie sich am Ende der E-Mail.

2 Schreiben Sie selbst eine Anfrage an das Tourismusbüro in Dresden und bitten Sie um Informationen.

Sie möchten für Ihren Deutschkurs (10 Teilnehmer) vom 13.–15. März eine Wochenendreise nach Dresden organisieren.

Fragen Sie nach folgenden Punkten:
- Tipps und Infomaterial zu Ausflügen in die Umgebung
- Möglichkeit, Räder zu leihen (Kosten)
- Möglichkeit, Konzertkarten für das Rammstein-Konzert zu bekommen, das im Internet schon ausverkauft ist

Achten Sie auf eine passende Anrede, Einleitung, Dank- und Grußformel. Schreiben Sie höflich.

TRAINING: AUSSPRACHE

Laut-Buchstaben-Beziehung: „f“, „v“, „w“, „ph“, „pf“, „qu“

▶ 2 24 **1 Hören Sie und schreiben Sie die Wörter in die Tabelle.**

werden – Vergnügen – Navi – Erfolg – Atmosphäre – Koffer – Wetter – Quiz – Verpflegung – Proviant – Wein – quer – privat – Empfang

In diesen Wörtern höre ich …

„f“ wie in „fahren“	„w“ wie in „warum“
Vergnügen Erfolg …	werden Navi …

2 Ordnen Sie zu.

f | ff | ~~pf~~ | ph | qu | v | v | w

REGEL

Man spricht „f“ wie in „fahren“ und schreibt ____, ____, ____ oder ____.
Außerdem gibt es die Kombination pf.
Man spricht „w“ wie in „warum“ und schreibt ____ oder ____.
Außerdem spricht man „kw“ in der Kombination ____.

3 Ergänzen Sie die fehlenden Buchstaben.

Herzlich w illkommen auf meiner Clown-Seite

____ollt ihr et____as über meine letzten Au____tritte ____issen?

12.03. – ____orbereitungen ____ür den Au____tritt

____ie immer bin ich schon Tage ____orher ner____ös.
Ob____ohl ich eigentlich keine Zeit da____ür habe, denn es muss ____iel ____orbereitet ____erden und ich dar____ nichts ____ergessen:

Der ____ertrag muss unterschrieben ____erden. Das Kostüm muss ge____aschen ____erden. ____er____legung ____ür die ____ahrt muss ____orbereitet ____erden, denn ohne Pro____iant geht bei mir nichts.
Am Schluss packe ich alles in den Ko____erraum, tanke das Auto ____oll – und los geht es.
Ich liebe es, kreuz und ____er durchs Land zu ____ahren. Mit Na____i ist das ja kein Problem.

14.03. – ____orstellung im Kindergarten "Wonneproppen"

____as soll ich sagen: Der Au____tritt ____ar ein ____oller Er____olg!
Schon der Em____ang durch die Kindergärtnerin Eva ____ar sehr ____reundlich und die Atmos____äre ____irklich angenehm. Die Kinder waren ____antastisch und haben toll mitgemacht.
Ich habe ihnen ____itze erzählt, lustige ____iz-____ragen gestellt und mit ihnen ____röhliche Lieder gesungen.

____öllig erschö____t bin ich am Abend nach Hause gekommen. Alles ist gut gegangen, keine Katastro____e ist passiert.
Ho____entlich dar____ ich bald ____ieder mein Clownprogramm au____ühren.

▶ 2 25 **Hören Sie und sprechen Sie dann.**

TEST

1 Ordnen Sie zu.

WÖRTER

~~Noten~~ | Garderobe | Misserfolgen | Notausgängen | Stimmung | Lampenfieber

Wir sind eine Schülerband und organisieren gerade unser erstes Konzert. Habt Ihr Tipps für uns?

Nehmt Eure Noten (a) mit! Ich habe sie einmal vergessen und musste deshalb ein Konzert absagen.

Ihr braucht eine _______________ (b) für Jacken und Mäntel. Wichtig ist auch, dass keine Stühle vor den _______________ (c) stehen.

Manchmal geht trotz guter Vorbereitung alles schief. Lasst Euch von _______________ (d) nicht abhalten!

Wundert Euch nicht, wenn Ihr vor dem Konzert nervös seid, _______________ (e) gehört dazu. Ich wünsche Euch viel Erfolg und eine tolle _______________ (f)!

_ / 5 PUNKTE

2 Was muss vor dem Auftritt erledigt werden? Ergänzen Sie die Sätze.

STRUKTUREN

buchen | ~~drucken~~ | überprüfen | einladen | schreiben

a Es müssen Plakate gedruckt werden.
b Es _______ ein Raum _______________.
c Eine Pressemitteilung _______________.
d Es _______ Journalisten _______________.
e Die Technik _______________.

_ / 4 PUNKTE

3 Ordnen Sie zu.

KOMMUNIKATION

eine Reise wert | noch keine Sekunde | großen kulturellen Angebot | immer etwas los | Vergleich zu | von der Gastfreundschaft | dem vorigen Jahrhundert

Liebe Elvira,
ich awrbeite zurzeit in Linz. Mein Job ist toll und die Stadt gefällt mir auch sehr gut. Hier gibt es fantastische Gebäude aus _______________ (a).
Im _______________ (b) den Häusern bei mir zu Hause in Las Vegas sind die wirklich sehr alt! Ich bin fasziniert von dem _______________ (c), die Stadt war 2009 sogar Kulturhauptstadt Europas.
Es ist _______________ (d), sodass ich mich _______________ (e) gelangweilt habe. Begeistert bin ich auch _______________ (f) der Österreicher. Du siehst, Linz ist immer _______________ (g).
Hoffentlich bis bald, Ricardo

_ / 7 PUNKTE

Wörter	Strukturen	Kommunikation
0–2 Punkte	0–2 Punkte	0–3 Punkte
3 Punkte	3 Punkte	4–5 Punkte
4–5 Punkte	4 Punkte	6–7 Punkte

www.hueber.de/menschen/lernen

LERNWORTSCHATZ

1 Wie heißen die Wörter in Ihrer Sprache? Übersetzen Sie.

Konzerte und Veranstaltungen
Atmosphäre die
Ausgang / Notausgang der, ¨-e
Empfang der, ¨-e
CH: auch: Réception die, -en
Garderobe die, -n
Lautsprecher der, -
Misserfolg der, -e
Note die, -n
Stimmung die, -en
Studio das, -s
Vergnügen das, -
versäumen, hat versäumt
besetzt

In der Stadt
Ausfahrt die, -en
Fußgängerzone die, -n
Fußgänger der, -
Gaststätte die, -n
A: Lokal das, -e
CH: Restaurant das, -s
Gebäude das, -
Hallenbad das, ¨-er
Kaufhaus das, ¨-er
CH: Warenhaus das, ¨-er
Parkhaus das, ¨-er
Platz der, ¨-e
Marktplatz der, ¨-e
Stadion das, Stadien
Umgebung die
vorig-

Weitere wichtige Wörter
Ausdruck der, ¨-e
Gastfreundschaft die
Gebäck das, -e
Kredit der, -e
Not die, ¨-e
Papiere (Pl.)
Patient der, -en
Schuld die, -en
schuldlos
A/CH: unschuldig
Sekunde die, -n
Sozial-
Sozialsiedlung die, -en
Vergleich der, -e
Zustand der, ¨-e
ab·heben, hat abgehoben
behandeln, hat behandelt
ein·zahlen, hat eingezahlt
mischen, hat gemischt
nach·schlagen, hat nachgeschlagen
ordnen, hat geordnet
schweigen, hat geschwiegen
überweisen, hat überwiesen
verpflegen (sich), hat sich verpflegt
verteilen, hat verteilt
vor·kommen (sich), ist sich vorgekommen
gestrig-
wert (sein)
quer
kreuz und quer
solange
übermorgen
übrigens
entgegen
innerhalb ⟷ außerhalb
um ... herum

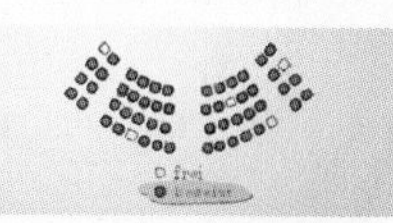

2 Welche Wörter möchten Sie noch lernen? Notieren Sie.

WIEDERHOLUNGSSTATION: WORTSCHATZ

1 Lösen Sie das Rätsel und finden Sie das Lösungswort.

a In dieser Straße dürfen keine Autos fahren. F U S S G Ä _ _ _ _ _ _(9) O _ _

b Gebäude für Autos, hat viele Stockwerke _(5) _ _(2) _ _ _ _ _ S

c Geschäft, in dem unterschiedliche Waren angeboten werden _(3) _ U F _ _(7) _ _

d Hier finden Wettkämpfe und Fußballspiele statt. _ T _(1) _ _ _ _

e In diesem Gebäude kann man schwimmen. H _ _ _(6) _ _ _ _ _ _

f Dort bekommt man etwas zu essen und trinken. _ A _ _(4) _ T Ä _ _(8) _

Lösung: Wo bin ich? Auf dem M _ _ _ _ _ _ _ _ _
(1 2 3 4 5 6 7 8 9)

2 Lesen Sie den Text und ordnen Sie zu. Nicht alle Wörter passen.

Gemeinschaft | ~~Stiefel~~ | Tal | Hütte | Stein | Verpflegung | Vieh | Rücksicht | Wirtin | Aussicht | Landwirtschaft | Übernachtungen

Mein neues Leben

„Ich habe mich noch nie so lebendig gefühlt!"

Anette Meckbach, 43 Jahre, hatte einen sicheren Job und verdiente gut. Glücklich war sie dabei nicht. Dann hatte sie den Mut, etwas Neues zu beginnen.

Hosenanzug, schicke Frisur, hohe Schuhe – das war früher. Heute trage ich bequeme Kleidung und feste Stiefel (a). Warum? Vor fünf Jahren habe ich meinen Job als Managerin aufgegeben und bin jetzt __________ (b) in einer __________ (c) an der Grenze zwischen Österreich und der Schweiz, in der Nähe des Lünersees.
15 Jahre lang ging es nur um Geld und Karriere, keiner nahm __________ (d) auf den anderen. Heute sind meine fünf Mitarbeiter und ich ein Team. Wir fühlen uns als __________ (e), in der sich jeder auf den anderen verlassen kann. Das ist auch wichtig, denn hier oben gibt es viel zu tun. Wir haben jeden Tag ungefähr 25 __________ (f) in unseren drei Matratzenlagern und rund 100 Gäste, die auf ihrer Wanderung __________ (g) brauchen und nur zum Essen und Trinken kommen.

Natürlich haben wir auch Kühe und Schafe. So können wir unseren Gästen frische Milch und selbst gemachten Käse anbieten. Das klingt nach viel Arbeit? Stimmt, das ist es auch! Aber mein Leben hat wieder einen Sinn. Wenn ich abends die __________ (h) ins __________ (i) genieße, bin ich müde, aber glücklich.

3 Was passt nicht? Streichen Sie das falsche Wort durch.

a Campingplatz – ~~Zweck~~ – Zelt – Übernachtung
b einzahlen – überweisen – ausziehen – abheben
c Vorschrift – Regel – Anweisung – Vergleich
d Wohl – Not – Unglück – Lebensgefahr

WIEDERHOLUNGSSTATION: GRAMMATIK

1 Was passt?
Ordnen Sie zu und ergänzen Sie die Endungen.

am ... entlang | um ... herum | außerhalb | innerhalb | ~~durch~~

■ Wo bleibst du denn so lange? Wenn du nicht ____________ (a) d____ nächst____ halb____ Stunde kommst, fangen wir ohne dich mit dem Picknick an.
▲ Ich glaube, ich bin bald da. Ich fahre gerade durch (b) ein Dorf mit einem Fluss.
■ Ach ja, dann weiß ich, wo du bist. Fahr immer ____ Fluss ____________ (c), bis du ____________ (d) d____ Dorfes bist. Da musst du dann links abbiegen, dann kommst du zu einem See. Wir sind am Ufer gegenüber. Du musst also noch ____ d____ ganz____ See ____________ (e) fahren.
▲ O.k., dann weiß ich Bescheid. Bis gleich.

2 Was muss auf der Hütte erledigt werden?
Schreiben Sie Sätze im Passiv mit *müssen*.

Heute erledigen

- ✓ den Gastraum sauber machen
- ○ mittags Essen verteilen
- ○ zwei Apfelkuchen backen
- ○ wenn es kalt ist: die Hütte heizen
- ○ das Deckenlicht unbedingt reparieren
- ○ am Abend Fenster schließen
- ○ Getränke für nächste Woche besorgen

Der Gastraum muss sauber gemacht werden.

3 Traumberuf Popstar: Ordnen Sie zu und schreiben Sie die Sätze.

desto | ~~indem~~ | sodass | je | indem

a Viele Jugendliche denken, sie können Popstar werden, indem sie an einer Castingshow im Fernsehen teilnehmen. (Sie nehmen an einer Castingshow im Fernsehen teil.) Aber das klappt meistens nicht.
b Es gibt sehr viele Teilnehmer, ____________________________________. (Der einzelne Bewerber hat nur geringe Chancen.)
c Je mehr Talent jemand hat, ____________________________________. (Die Chancen sind gut, berühmt zu werden.)
d Man kann sein Talent weiterentwickeln, ____________________________________. (Man geht an eine Musikakademie.)
e (Man spielt oft in Clubs.) ____________________________________, umso bekannter wird man.

SELBSTEINSCHÄTZUNG Das kann ich!

Ich kann jetzt ...

... Fragen zu einer Präsentation stellen: L19

Ich w_______ g_____ w_________, wer denn die Arbeiten organisiert?
G_____ ____ d______ a______ ein Heimatmuseum?
W__________ S____ eigentlich sch____, wo Sie Ihren nächsten Auftritt haben?

... Regeln diskutieren: L20

■ Von der Regel zur Nachtruhe h________ ich nicht v______.
▲ Das f________ ich sc_______ w___________. Sonst ist immer jemand laut.
● Wes_____________ wichtiger f________ ich ein Handyverbot.
◆ Wirk__________? Das wä____ für mich unde__________.

... etwas anpreisen: L21

Die int__________________________ E________ gab ____ in Augsburg.
Und Augsburg h________ au____ den net____________ Konzertveranstalter.
Wir hatten das Ver____________ ei______ persönlichen Stadtführung.
Die „Fuggerei" war ei______ der to____________ Er_____________.
Wir haben uns k__________Sek________ gelangweilt.
In der Altstadt gibt es fan__________________ Geb________ aus dem vor_______ Jahrhundert.

Ich kenne ...

... 10 Wörter zum Thema „Landschaft und Tourismus": L19

Das interessiert mich: ____________________
Das interessiert mich nicht: ____________________

... 8 Wörter zum Thema „In den Bergen": L20

Das habe ich schon mal gebraucht/benutzt: ____________________
Das habe ich noch nie gebraucht/benutzt: ____________________

... 8 Wörter zum Thema „Konzerte und Veranstaltungen": L21

____

Ich kann auch ...

... Vergleiche ausdrücken (Satzverbindung: *je ... desto/umso ...*): L19

Viele Menschen engagieren sich. Der Verein kann seine Arbeit gut machen.

____

... Fragen, Bitten, Aufforderungen freundlicher formulieren und Bezug auf gemeinsames Wissen nehmen (Modalpartikeln: *denn, doch, eigentlich, ja*): L19

Gibt es _________ / ___________________ auch ein Heimatmuseum?
Sie könnten _________ zum Beispiel eine Patenschaft für eine Heidschnucke übernehmen.
Ich habe Ihnen _________ vorhin vom Naturschutzverein erzählt.

... Mittel und Resultate ausdrücken (Satzverbindungen: *indem* und *sodass*): L20

Notiere Route und Ziel deiner Bergtour, ____________ du gefunden werden kannst, falls du verunglückst.
__________ du Route und Ziel deiner Bergtour notierst, kannst du gefunden werden, falls du verunglückst.

SELBSTEINSCHÄTZUNG Das kann ich!

... **die Lage von Orten und die Richtung angeben (lokale Präpositionen: *um ... herum, an/am ... entlang, innerhalb, außerhalb*):** L21
Es geht _____ Rhein ______________ nach Basel.
Der Veranstaltungsort liegt etwa 20 Kilometer ______________ der Stadt.
Wir fahren dreimal _____ das Zentrum __________.
Im Zentrum, ______________ der Stadtmauer, liegt die Altstadt.

... **Zeitangaben machen (temporale Präpositionen: *innerhalb, außerhalb*):** L21
______________ weniger Tage reisen wir durch Deutschland und die Schweiz.
Das Museum hatte zu. Wir standen ______________ der Öffnungszeiten vor der Tür.

... **Verpflichtungen ohne Subjekt ausdrücken (Passiv Präsens mit Modalverben: *muss ... geübt werden*):** L21
vorher fleißig üben: Es ______________________________

Auftrittsmöglichkeiten suchen: ______________________________

Üben/Wiederholen möchte ich noch:

____

RÜCKBLICK

Wählen Sie eine Aufgabe zu Lektion 19

1 Sie planen eine Reise in die Lüneburger Heide und suchen nach Reiseinformationen.

Sehen Sie noch einmal im Kursbuch auf Seite 46 und 47 nach und ergänzen Sie.

a Wie ist die Natur/Landschaft in der Region?
b Welche Urlaubsaktivitäten kann man machen?
c Welche lokalen Produkte kann man kaufen?
d Welche Informationen fehlen Ihnen noch?

a Die Landschaft in der Lüneburger Heide ist sehr flach. Es gibt ...

2 Reiseplanungen

a Wählen Sie eine Region in Deutschland, Österreich oder der Schweiz. Recherchieren Sie im Internet und machen Sie Notizen.

Region: die Pfalz / Speyer
Natur/Landschaft: Weinberge, Wälder, Rheintal
Aktivitäten: Dom in Speyer, Technik-Museum, Wandern
Produkte: Wein, Marmelade, Wurst

b Schreiben Sie Reiseinformationen für die Region.

Reisen in die Pfalz/nach Speyer
In der sonnigen Pfalz finden Sie neben Wäldern und Flusstälern viele Weinberge. An der Weinstraße können Sie zwischen Weinbergen spazieren gehen. Genießen Sie ...

RÜCKBLICK

Wählen Sie eine Aufgabe zu Lektion 20

1 Hüttenregeln

Lesen Sie noch einmal die Regeln im Kursbuch auf Seite 50. Kreuzen Sie an.

	richtig	falsch
a Mas sollte einen Hüttenschlafplatz vorher reservieren.	☒	○
b Auch in den Bergen sollte man höflich sein und sich siezen.	○	○
c In der Hütte kann man seinen eigenen Imbiss essen.	○	○
d Man darf nur saubere Bergstiefel in der Hütte tragen.	○	○
e Man sollte einen Schlafsack mitbringen.	○	○
f Ab 22 Uhr sollte man leise sein, sodass man die anderen Gäste nicht stört.	○	○
g Der Hüttenbucheintrag dient dazu, dass man bei einem Unfall schneller gefunden wird.	○	○
h Man sollte seinen Müll in der Hütte in den Mülleimer werfen.	○	○

2 Regeln in einer Wohngemeinschaft

Sie wohnen in einer WG. Ihre Mitbewohner sind chaotisch und nehmen wenig Rücksicht auf die anderen. Schreiben Sie WG-Regeln.

Unsere WG-Regeln – gelten auch für dich!
– Geschirr: Du kannst für mehr Sauberkeit in unserer WG sorgen, indem du dein Geschirr immer gleich abspülst. Warte nicht, bis es keine einzige saubere Tasse mehr gibt! ...

Wählen Sie eine Aufgabe zu Lektion 21

1 Lesen Sie noch einmal den Blog über die Tournee durch Deutschland und die Schweiz im Kursbuch auf Seite 54 und 55. Was passiert wo? Kreuzen Sie an.

	Essen	Basel	Augsburg
a Die „Wonnebeats“ verpassen die richtige Autobahnausfahrt.	☒	○	○
b Das Konzert findet außerhalb der Stadt statt.	○	○	○
c Die Band mischt sich unter das Publikum.	○	○	○
d Die „Wonnebeats“ werden mit leckerem Essen empfangen.	○	○	○
e Die Musikerinnen besichtigen das Folkwang-Museum und eine Synagoge.	○	○	○
f Überall in der Stadt hängen Plakate.	○	○	○
g Am Nachmittag gab es noch Karten, aber am Abend waren alle Plätze besetzt.	○	○	○

2 Schreiben Sie einen Blog über eine kurze Reise, die Sie gemacht haben.

- Wo waren Sie? Wann sind Sie gereist?
- Was haben Sie besichtigt und unternommen?
- Was haben Sie sonst noch erlebt?
- Was hat Ihnen besonders gefallen?

Freitagabend
Gleich nach der Arbeit ging es los. Ich bin mit meiner besten Freundin nach Wien gereist. Leider gab es einen langen Stau auf der Autobahn. Dann ...

HARRY KANTO MACHT URLAUB

Teil 3: Ich habe es ja gewusst!

„Schneemann! Setzt du dich wieder zu uns?“
„Wenn ich darf …“
„Gern“, sagte Clarissa. „Wie war denn Ihr Tag – so ganz ohne Skifahren? Ist Ihnen nicht langweilig gewesen?“
Soll ich Clarissa die Geschichte erzählen? Wird sie mir glauben?
Ich versuchte es: „Ich habe heute den Hoteldieb gefunden.“
„Wow! Bist du ein Geheimagent?“ Emma machte große Augen.
„So etwas Ähnliches.“ Ich lächelte.
„Aha, ein Geheimagent – und Sie haben den Fall gelöst.“ Clarissa glaubte mir natürlich nicht.

Also erzählte ich ihr alles: dass ich Privatdetektiv war, dass ich gestern zufällig ein geheimes Gespräch über gestohlenes Geld gehört hatte und dass einer der beiden Männer niemand anders war als der Hotelmanager. Sein Bild hatte ich nämlich in der Zeitung gesehen.
„Und jetzt glauben Sie, dass der Hotelmanager sein eigenes Hotel ausgeraubt hat? Das ist doch verrückt.“
„Ich werde es Ihnen beweisen“, sagte ich. „Fahren wir zu seinem Haus und beobachten ihn. Er wird uns zum Geld führen.“
„Au ja, Tante Clarissa! Ich bin auch eine Geheimagentin!“
Oje, an dich habe ich gar nicht gedacht.
„Tut mir leid, Emma, das ist für ein Kind zu gefährlich. Es ist wohl besser, ich fahre alleine.“
„Aber du bist doch ein Geheimagent, du passt auf mich auf.“
„Ich erzähle dir danach alles, was ich gesehen habe. Versprochen.“
„Wenn Sie wirklich etwas Interessantes finden, rufen Sie mich an.“ Clarissa gab mir ihre Handynummer.
Willems Adresse hatte ich während des Tages herausgefunden. Nun nahm ich ein Taxi zu seinem Haus.
Haus? Es war eine riesige Villa.
Und so einer stiehlt Geld? Warum?
Ich suchte mir ein Versteck und beobachtete die Villa.
Und ich hatte Glück, denn nicht viel später kamen die beiden Männer.
„Du hast das Geld jetzt in meinen Keller gebracht? Bist du verrückt?“, fragte Willems.
„Aber Chef, das ist der beste Platz. Niemand sucht im Keller des Hotelmanagers.“
Ich habe es ja gewusst!
Ich rief Clarissa an: „Die Diebe sind hier! Und ich weiß auch, wo das Geld ist. Rufen Sie schnell die Polizei und …“
Dann sah ich nur noch Sterne und alles wurde schwarz.

In der BRD wurde die Demokratie eingeführt.

KB 3

1 Zeitungsüberschriften: Schreiben Sie die Wörter richtig.

Wörter

(a) Gegner (Gneegr) protestieren gegen das geplante Kraftwerk.
„Für diesen ______ (uaB) darf es keine ______________________ (gungGemineh) geben.
________________ (tuevenell) können wir ihn aber durch unseren Protest noch verhindern."

(b) ________________ (ischEuropäe) Union will Unternehmen zu mehr Datenschutz _____________ (engzwin).

(c) Hat die Opposition im Parlament zu wenig __________ (atMch)? – ___________ (Azanhl) der Sitze unter 25 Prozent gesunken

(d) Wirtschaft in der Euro-________ (eZno) wächst weiter. _____________ (chUresa) ist der steigende Export.

(e) Steigende ___________ (Gwteal) bei betrunkenen Fußballfans: Die Polizeigewerkschaft verlangt als ________________ (Konquseenz) absolutes Alkoholverbot im Stadion.

(f) Auch bei Traumpaaren gibt es keine ______________ (arieGant) für die Ehe: Tom und Dana nach nur einem Jahr geschieden
„Unsere ________________________ (tellVorungens) von einer guten Beziehung sind zu verschieden."

(g) Dieb gelang ___________ (chFult) aus dem Gefängnis

KB 4

2 Medien früher und heute

Strukturen

a Ergänzen Sie die Partizipien.

1 Früher wurden öfter Briefe geschrieben (schreiben).
2 Musik-CDs sind im Laden ____________________________ (kaufen) worden.
3 1973 wurde das erste Mobiltelefon ____________________________ (herstellen).
4 1971 ist die erste E-Mail ____________________________ (verschicken) worden.
5 Heute werden Informationen oft im Internet ____________________________ (suchen).
6 Filme können aus dem Internet ____________________________ (herunterladen) werden.

Strukturen entdecken

b Schreiben Sie die Sätze aus a in die Tabelle.

Präsens:

Präteritum:

1 Früher	wurden	öfter Briefe	geschrieben.	

Perfekt:

KB 4 **3** **Ergänzen Sie die Verben im Passiv Präteritum.**

STRUKTUREN

Der Volkswagen – Geschichte eines Autos

Anfang der 30er-Jahre wurde der Volkswagen (VW) von Ferdinand Porsche entwickelt (entwickeln) (a). 1947 wurden die ersten VW ins Ausland __________ (exportieren) (b). Vor allem in den USA war das Auto sehr beliebt. Wegen seines Aussehens __________ es später „Käfer" __________ (nennen) (c). Ende der 70er-Jahre sanken die Verkaufszahlen, denn es kamen andere beliebte Kleinwagen auf den Markt. In Deutschland __________ der letzte Käfer 1978 __________ (bauen) (d). Bis 2003 __________ der VW-Käfer nur noch in Mexiko __________ (produzieren) und bis 1985 auch in Deutschland __________ (anbieten) (e). Später gab es dann ein neues Modell des Käfers, das aber nicht so erfolgreich war wie das Original. Der *New Beetle* __________ nur von 1997 bis 2010 __________ (herstellen) (f).

KB 4 **4** **Was erzählt der Stadtführer über die Hackeschen Höfe in Berlin? Schreiben Sie Sätze im Passiv Perfekt.**

STRUKTUREN

Die Hackeschen Höfe sind ein beliebter Treffpunkt für Berliner und Touristen. In den acht miteinander verbundenen Höfen gibt es Wohnungen, Büros, Kneipen, Galerien, ein Theater und ein Kino.

a Die Hackeschen Höfe sind Anfang des vorigen Jahrhunderts gebaut worden.
(Anfang des vorigen Jahrhunderts bauen)

b 1906 __________________________.
(sie eröffnen)

c In den Höfen gab es circa 80 Wohnungen, zwei Festsäle, Büros, Geschäftshäuser und Fabriketagen.
Dort __________________________.
(vor allem Kleidung herstellen)

d In den Festsälen __________________________.
(viele Feste feiern)

e 1909 __________________________.
(dort sogar ein expressionistischer Dichterclub gründen)

f Einige Gebäude __________________________.
(im Zweiten Weltkrieg zerstören)

g Nach dem Mauerfall __________________________.
(die Höfe renovieren)

h 1997 __________________________.
(die Renovierung beenden)

KB 4 **5 Deutschland in den 50er- und 60er-Jahren**

Schreiben Sie Sätze im Passiv Präteritum und im Passiv Perfekt.

STRUKTUREN

a Nach dem Krieg – neue Wohnungen – bauen
b Viele Waschmaschinen, Fernseher und Autos – kaufen
c In den 50er-Jahren – auch samstags – arbeiten
d Erst in den 60er-Jahren – die 5-Tage-Woche – einführen
e Viele Arbeitnehmer aus Südeuropa – einstellen

a Präteritum: Nach dem Krieg wurden neue Wohnungen gebaut.
Perfekt: Nach dem Krieg sind neue Wohnungen gebaut worden.

KB 6 **6 Welches historische Ereignis beeindruckt Sie besonders? Ordnen Sie zu.**

KOMMUNIKATION

mir noch nie vorstellen | hätte ich gern | ~~schon immer beeindruckt~~ | gern gesehen | ich gern erlebt | immer interessiert | beeindruckend gewesen sein | dabei gewesen | bestimmt eine tolle Zeit

■ Mich haben die Pyramiden in Ägypten schon immer beeindruckt (a). Vor 4500 Jahren gab es kaum technische Hilfsmittel. Ich konnte ________________ (b), wie man damals so große Pyramiden bauen konnte. Das hätte ich ________________ (c).

● Mich hat die Geschichte des Fliegens schon ________________ (d). Der Pilot Charles Lindbergh flog 1927 in gut 33 Stunden ganz allein von New York nach Paris. Das muss ________________ (e). Das ________________ (f) erlebt.

▲ Ich wäre gern 1969 beim Woodstock-Festival ________________ (g). Die Stimmung muss super gewesen sein. Das hätte ________________ (h). Die 60er-Jahre waren ________________ (i).

KB 6 **7 Deutschland im Herbst 1989**

▶ 2 26 **a Hören Sie den Beginn des Textes. Was ist richtig? Kreuzen Sie an.**

HÖREN

Im Text geht es um …
○ die Demonstrationen, die im Herbst 1989 in Leipzig stattfanden.
○ einen Mann, der die Maueröffnung erlebt hat.
○ die Erwartungen der DDR-Bürger im Herbst 1989.

▶ 2 27 **b Hören Sie jetzt das Interview. Notieren Sie die Antworten in Stichpunkten.**

HÖREN

1 Was hat Uli U. beruflich gemacht? war Student
2 Wie hat Uli im Herbst 1989 gezeigt, dass er mit dem politischen System nicht zufrieden war?
3 Wo war Uli, als er von der Maueröffnung erfuhr?
4 Worüber war Uli überrascht, als er über die Grenze ging?
5 Wie lange war Uli am ersten Abend in Westberlin?
6 Hatte Uli vor, im Westen zu bleiben?
7 Warum gab es auch am Wochenende lange Schlangen an den Banken?
8 Was hat sich Uli im Westen gekauft?

TRAINING: LESEN

1 Flucht aus der DDR

a Lesen Sie die Aufgaben 1 und 2 in a und den Anfang des Artikels (Zeile 1–9) in b. Notieren Sie dann die Zahlen. Im Text fehlen Wörter, die Sie vielleicht nicht kennen. Die unterstrichenen Wörter helfen.

Wie viele Personen …
1 versuchten, zwischen 1961 und 1989 die DDR ohne Ausreisegenehmigung zu verlassen? ________
2 sind an der Mauer gestorben? etwa ________

> TIPP
> Sie kennen nicht alle Wörter in einem Text? Das macht nichts. Sie können den Text trotzdem verstehen, denn die Bedeutung vieler Wörter kann man aus dem Kontext erkennen. Außerdem helfen ähnliche Wörter aus anderen Sprachen, wie z.B. illegal.

b Lesen Sie die Aufgaben. Lesen Sie dann den Artikel weiter. Was ist richtig? Kreuzen Sie an.

1 Ein DDR-Soldat, der aufpassen sollte, dass niemand über die Grenze geht,
- a wollte den Mauerbau verhindern. ○
- b entschloss sich ungeplant zur Flucht. ○

2 Im Jahr 1964
- a bauten 57 DDR-Bürger einen Tunnel unter der Mauer. ○
- b gelang 57 DDR-Bürgern die Flucht durch einen Tunnel. ○

FLUCHT AUS DER DDR

Zwischen 1961 und 1989 haben circa 1,25 Millionen DDR-Bürger ihr Land verlassen. 150 000 versuchten, illegal zu ________ [1]. Viele davon kamen ins Gefängnis oder bezahlten ihren Fluchtversuch mit dem Leben. Die genaue Anzahl der ________ [2] ist nicht bekannt, aber allein an der Berliner Mauer waren es mindestens 138. Nur 40 000 ist die Flucht gelungen.

Weltberühmt wurde zum Beispiel der Fall eines DDR-Soldaten in Uniform. Er sollte im August 1961 während des Mauerbaus verhindern, dass DDR-Bürger in den Westen fliehen. Doch dann entschied er spontan, selbst über den Stacheldrahtzaun zu springen. Das Foto von diesem Ereignis ging um die ganze Welt. Eine der spektakulärsten Fluchten ereignete sich im Oktober 1964. 57 Männer, Frauen und Kinder gelangten durch einen circa 150 Meter langen Tunnel unter der Mauer in die Freiheit. Mit größter Mühe hatten Westberliner Studenten und Verwandte der Flüchtlinge den Tunnel in monatelanger Arbeit gegraben.

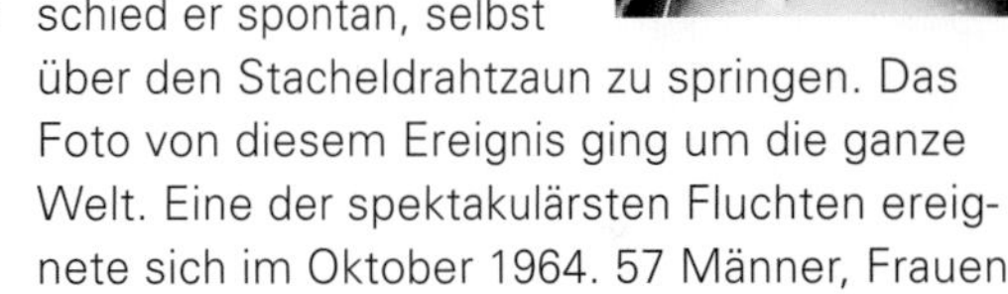

1: flüchten 2: Todesopfer

TRAINING: AUSSPRACHE *Konsonantenverbindung „ks"*

1 Hören Sie.

▶ 2 28 **a An welcher Position im Wort hören Sie „ks"? Markieren Sie.**

Experiment – Kriegsende – Volksabstimmung – Text – Alltagskultur – sechs – Komplex – Lexikon – wachsen – unterwegs

▶ 2 29 **Hören Sie noch einmal und sprechen Sie nach.**

b Ergänzen Sie.

> REGEL
> Man spricht „ks" bei: X, ___, ___, ___.

▶ 2 30 2 Hören Sie und sprechen Sie dann.

Sechs Hexen aus Brixen sind
unterwegs nach Niedersachsen.
Sie fliegen nach links,
sie fliegen nach rechts – und landen – oje –
bei der Volksabstimmung in Sachsen.

TEST

1 Erinnerungen an 1989, als die Mauer fiel: Ordnen Sie zu.

WÖRTER

Denkmal | ~~Gewalt~~ | Mauer | Soldaten | Bau | Flucht | Macht

- ● Damals war ich noch nicht auf der Welt. Aber ich weiß, dass es eine friedliche Revolution ohne *Gewalt* (a) war. Ich kann mir gar nicht vorstellen, dass Berlin damals durch eine ____________ (b) geteilt wurde.
- ■ Ich wohnte in Ostberlin. Als in Ungarn die Grenzen in den Westen geöffnet wurden, überlegte ich nicht lange. Mit mir waren Tausende auf der ____________ (c). Überall waren ____________ (d), aber sie konnten nicht verhindern, dass die Menschen das Land verließen. Die DDR-Regierung hatte ihre ____________ (e) verloren.
- ▲ Meine Großeltern in Westberlin konnten es kaum erwarten, wieder die Freunde und Kollegen zu treffen, von denen sie 1961 beim ____________ (f) der Mauer getrennt worden sind.
- ▼ Stimmt es, dass von der Mauer heute nur noch Reste stehen? Schade, sie sollte doch ein ____________ (g) sein!

_ / 6 PUNKTE

2 Schreiben Sie Sätze im Passiv.

STRUKTUREN

a Präteritum: Deutschland – nach dem Krieg – in vier Zonen – aufteilen
b Perfekt: 1949 – gründen – die BRD und die DDR
c Präteritum: Die Mauer – bauen – 1961 – in Berlin
d Präteritum: An den Grenzen – kontrollieren – die Menschen – von Soldaten
e Perfekt: Nach 28 Jahren – die Mauer – wieder öffnen

_ / 4 PUNKTE

a Deutschland wurde nach dem Krieg in vier Zonen aufgeteilt.

3 Ordnen Sie zu.

KOMMUNIKATION

hätte ich erlebt | Menschen interessiert | mir gut vorstellen | gern dabei gewesen | beeindruckend gewesen

Mich haben schon immer ____________ (a), die ein Leben lang für ihre Ziele gekämpft haben. Deshalb wäre ich ____________ (b), als Martin Luther King am 28. August 1963 in Washington seine Rede „I have a dream" hielt. Zusammen mit 250 000 Menschen ____________ (c), wie er Freiheit und Gerechtigkeit für alle Menschen forderte, egal welche Hautfarbe oder Religion sie haben. Die Stimmung am Lincoln Memorial kann ich ____________ (d). Das muss sehr ____________ (e) sein.

_ / 5 PUNKTE

Wörter		Strukturen		Kommunikation	
●	0–3 Punkte	●	0–2 Punkte	●	0–2 Punkte
●	4 Punkte	●	3 Punkte	●	3 Punkte
●	5–6 Punkte	●	4 Punkte	●	4–5 Punkte

www.hueber.de/menschen/lernen

LERNWORTSCHATZ

1 Wie heißen die Wörter in Ihrer Sprache? Übersetzen Sie.

Geschichtliches

Bau der, -ten ______
Bundes-
Bundesstaat der, -en ______
Bundesregierung die, -en ______
Denkmal das, ¨-er ______
Einführung die, -en ______
Europäische Union die ______
europäisch ______
Flucht die, -en ______
Gegner der, - ______
Gewalt die, -en ______
gewaltvoll ______
Macht die, ¨-e ______
National- ______
Nationalfeiertag der, -e ______
Nationalhymne die, -n ______
Soldat der, -en ______
Teil der, auch: das, -e ______
Ursache die, -n ______
Verlust der, -e ______

fordern, hat gefordert ______
protestieren, hat protestiert ______

Weitere wichtige Wörter

Anzahl die, -en ______
Garantie die, -n ______
Genehmigung die, -en ______
genehmigen, hat genehmigt ______
Hit der, -s ______
Konsequenz die, -en ______
Vorstellung die, -en ______
erscheinen, ist erschienen ______
A: vorkommen
loben, hat gelobt ______
zwingen, hat gezwungen ______

angeblich ______
eventuell ______
hinterher ______
A: auch: danach

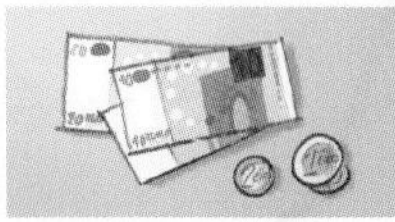

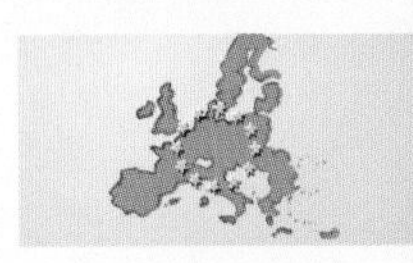

2 Welche Wörter möchten Sie noch lernen? Notieren Sie.

Fahrradfahren ist in.

KB 3 **1 Ergänzen Sie.**

WÖRTER

DIE FAHRRADFREUNDE

- **Er s a t z t e i le (a), Zubehör und Reparatur**
  Hier finden Sie zahlreiche Tipps zu Licht, Bre ___ ___ en (b), K ___ ___ ___ geln (c), Reifen oder Reifend ___ u ___ k (d).
- **M ___ ___ i ___ i ___ ät (e) auch ohne eigenes Fahrrad**
  Fahrradst ___ ___ ___ ___ nen (f) in Ihrer Nähe: zur Übersicht
- **Fahrradpflege & Rein ___ ___ ___ ng (g)**
  Gepflegte Räder halten länger. Wir haben n ___ tz ___ i ___ he (h) Informationen für Sie.
- **Bürgerinitiative: Tempo 30**
  Für mehr Sicherheit auch auf großen Kr ___ ___ z ___ n ___ en (i): Ein Tempolimit s ___ hüt ___ t (j) nicht nur Radfahrer, sondern verb ___ s ___ ert (k) ne ___ e ___ be ___ (l) auch die Wohnqualität.
  Zu aktuellen Aktionen

KB 3 **2 Fahrradfreundliche Städte: Was ist richtig? Kreuzen Sie an.**

STRUKTUREN

a Die Städte sollten für eine fahrradfreundliche Atmosphäre sorgen,
☒ statt ○ ohne nur an die Autofahrer zu denken.
b Man kann eine Stadt nicht fahrradfreundlicher machen,
○ statt ○ ohne den Autofahrern Platz wegzunehmen.
c ○ Statt ○ Ohne noch mehr Straßen zu bauen, sollten die Städte lieber mehr Fahrradwege bauen.
d Mit Park & Ride-Angeboten können Pendler in die Stadt kommen,
○ statt ○ ohne im Stau zu stehen.
e In autofreien Städten bleiben auch Familien im Zentrum wohnen,
○ statt ○ ohne aufs Land zu ziehen.

KB 3 **3 Ordnen Sie zu und schreiben Sie Sätze mit *ohne zu* oder *statt zu*.**

STRUKTUREN

auf Autos achten | ~~ein Flugzeug nehmen~~ | dir ein neues kaufen | mich vorher fragen | mit dem Fahrrad fahren

a Wir fahren dieses Jahr mit dem Zug in den Urlaub, …

a statt ein Flugzeug zu nehmen.

b Willst du dein Fahrrad nicht lieber reparieren, …

c Du kannst doch nicht einfach mein Auto nehmen, …

d Mein Mann fährt immer mit dem Auto zum Bäcker, …

e Auf reinen Fahrradstraßen kann man sicher Rad fahren, …

KB 3 STRUKTUREN ENTDECKEN

4 *Statt / Ohne dass* oder *statt / ohne zu*?

a Markieren Sie die Subjekte in Haupt- und Nebensätzen. Sind sie gleich? Kreuzen Sie an.

	gleich	verschieden
1 Die Bürger können schon jetzt kaum durch die Stadt radeln, ohne dass Autofahrer ihnen die Vorfahrt nehmen.	○	⊗
2 Die Politiker wollen offenbar eine neue Schnellstraße bauen, ohne dass sie die Bürger befragen. / ohne die Bürger zu befragen.	○	○
3 Die Bürgerinitiative will die Verkehrspolitik mitbestimmen, statt dass die Politiker alles allein entscheiden.	○	○
4 Die Bürgerinitiative möchte Autos in Städten verbieten, statt dass sie breitere Radwege fordert. / statt breitere Radwege zu fordern.	○	○

b Was ist richtig? Kreuzen Sie an.

GRAMMATIK

	(an)statt/ ohne dass	(an)statt/ ohne zu
Das Subjekt in Haupt- und Nebensatz ist gleich: Nebensatz mit	○	○
Die Subjekte in Haupt- und Nebensatz sind verschieden: Nebensatz nur mit	○	○

KB 3 STRUKTUREN

5 Schreiben Sie die Sätze mit *ohne dass / statt dass* und wenn möglich auch mit *ohne zu / statt zu*.

a Ich muss oft Überstunden machen. Ich bekomme kein Geld dafür.
b Ich erledige die meisten Aufgaben für unseren Chef. Die neue Kollegin hilft mir nicht.
c Die neue Kollegin telefoniert lieber privat. Sie macht ihre Arbeit nicht.
d Ich suche mir jetzt einen neuen Job. Ich rege mich nicht weiter auf.
e Ich schreibe Bewerbungen. Meine Kollegin weiß es nicht.

a Ich muss oft Überstunden machen, ohne dass ich Geld dafür bekomme.
Ich muss oft Überstunden machen, ohne Geld dafür zu bekommen.

KB 5 KOMMUNIKATION

6 Aber das ist mir ganz egal.

a Ordnen Sie zu.

Das ist mir ganz egal/gleich. | Ich kann dir da nur zustimmen. | ~~Dafür spricht, dass …~~ | Ärgerst du dich denn nicht darüber? | Das interessiert mich nicht. | Ich bin völlig anderer Meinung. | ~~Mein Standpunkt ist, dass …~~ | Davon halte ich nicht viel. | Ich bin voll und ganz deiner Meinung. | Macht dir das nichts aus? | Meinetwegen kann jeder das so machen, wie er möchte.

Zustimmung ausdrücken	Ablehnung ausdrücken	rückfragen und Gleichgültigkeit ausdrücken
Dafür spricht, dass … Mein Standpunkt ist, dass …		

b Ergänzen Sie. Hilfe finden Sie in der Tabelle in a.

■ Guck mal, mein neues Auto.
▲ Wow, ein Sportwagen! Toll! Aber nicht besonders umweltfreundlich, oder?
■ Du hast recht. Ich kann dir da nur zustimmen (1).
Aber das ist ______________________________ (2).
▲ Der verbraucht bestimmt viel Benzin, oder? Macht ______________________________
______________ (3)?

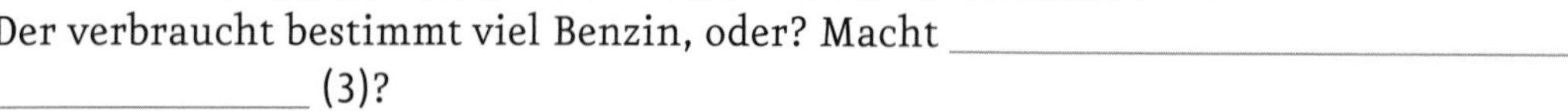

■ Doch, aber Autos sind meine große Leidenschaft. Da achte ich nicht auf den Energieverbrauch. ______________________________ (4), wie er möchte.
▲ Ich bin voll ______________________________ (5). Ich habe keine Badewanne und einen Ökostrom-Anbieter. Aber für meine Fernreisen nehme ich nicht die Eisenbahn, sondern das Flugzeug.

KB 6

7 Umweltschutz und Lebensqualität

Wörter

a Sie haben im Fernsehen eine Diskussionssendung zu diesem Thema gesehen. Lesen Sie den Beitrag im Online-Forum der Sendung und ordnen Sie zu. Nicht alle Wörter passen.

abhängt | eventuell | Gesetze | Gewalt | konsumiere | sowieso | Stecker | steht ... fest | tatsächlich | ~~Umweltverschmutzung~~ | verschlechtert | zwinge

Brauchen wir ______________ (1) mehrere Autos pro Familie und jeden Tag ein Stück Fleisch? Sind Fernreisen nötig? Was darf ich mir in Zeiten starker Umweltverschmutzung (2) noch leisten? Kann ich die Umwelt schützen, indem ich die ______________ (3) von Stand-by-Geräten aus der Steckdose ziehe und im Winter keine Erdbeeren ______________ (4)? Natürlich nicht! Während sich der Zustand des Klimas weiter ______________ (5), wird immer noch diskutiert, statt zu handeln. Meiner Ansicht nach brauchen wir bessere ______________ (6), denn ohne die werden wir unser Umweltverhalten ______________ (7) nicht ändern. Und es ______________ doch ______________ (8), dass unsere Lebensqualität nicht nur vom Konsum, sondern auch von einer sauberen Umwelt ______________ (9).

Schreiben

b Schreiben Sie selbst einen Beitrag zu dem Thema. Machen Sie Notizen zu den Fragen. Hilfe finden Sie auch in der Tabelle in 6a.

– Was ist für Sie Lebensqualität? Was ist Ihnen wichtig? / nicht so wichtig?
– Wie wichtig ist Ihnen Umweltschutz? Beeinflusst der Umweltschutz Ihr Verhalten?
– Was meinen Sie? Brauchen wir Gesetze für den Umweltschutz?

TRAINING: HÖREN

23

1 Umzug aufs Land: Notieren Sie Wörter zum Thema.

Umzug aufs Land

Vorteile: frische Luft, mehr Platz, Ruhe, geringere Miete

Nachteile: Abhängigkeit vom Auto, kein kulturelles Angebot

TIPP

In Prüfungen hören Sie Gespräche zwischen zwei Personen. Sie hören diese Gespräche nur einmal. Die Personen sprechen über Alltagsthemen wie Feste und Veranstaltungen, Ausbildung und Beruf, Familie und Kinder, Reisen und Urlaub ... Wenn Sie vor der Prüfung Wörter zu diesen Themen wiederholen, wird das Hörverstehen leichter.

▶ 2 31 **2 Sie stehen an der Bushaltestelle und hören ein Gespräch zwischen zwei Personen.**
Lesen Sie zunächst die Aufgaben und hören Sie dann. Kreuzen Sie an.

		richtig	falsch
a	Der Mann ist vor einem halben Jahr mit seiner Familie aufs Land gezogen.	☒	○
b	Die Kinder haben sich auf dem Land sofort sehr wohlgefühlt.	○	○
c	Es gibt leider nicht so viele Kinder in der Nachbarschaft.	○	○
d	Die Familie hat auf dem Land mehr Platz.	○	○
e	Die Ruhe und die frische Luft gefallen dem Mann besonders gut.	○	○
f	Der Mann hält nicht viel vom bunten Stadtleben.	○	○
g	Die Frau würde lieber auf dem Land als in der Stadt wohnen.	○	○
h	Der Mann fährt meistens mit dem Zug zur Arbeit.	○	○
i	Die Kinder waren in der Stadt selbstständiger.	○	○

TRAINING: AUSSPRACHE *Satzakzent: Nachdruck und Gleichgültigkeit*

▶ 2 32 **1 Hören Sie die Reaktionen und sprechen Sie nach. Achten Sie auf den Satzakzent.**

a Ich kann dir da nur zustimmen.
b Ich bin voll und ganz deiner Meinung.
c Davon halte ich nicht viel.
d Da bin ich völlig anderer Meinung.

Meiner Meinung nach sollten die öffentlichen Verkehrsmittel kostenlos sein.

▶ 2 33 **2 Hören Sie und markieren Sie den Satzakzent: ___.**

■ Oh Mann! ↘ Sandra hat schon wieder Plastik in den Biomüll geworfen. ↘
▲ Na und? ↗
■ Sag mal →, ärgerst du dich denn nicht darüber? ↗
▲ Nein →, das ist mir gleich. ↘
■ Ja →, aber man muss doch etwas für die Umwelt tun. ↘
▲ Ach. ↘ Meinetwegen kann das jeder so machen →, wie er möchte. ↘

Spielen Sie das Gespräch mit Ihrer Partnerin / Ihrem Partner.

TEST

1 Radtouren am Bodensee: Ordnen Sie zu.

WÖRTER

Kreuzungen | ~~Eisenbahn~~ | Bremsen | Klingel | Vorfahrt | Reifendruck | Ersatzteile | Stationen

Route Nr. 5: Radeln Sie 250 Kilometer rund um den See auf Radwegen und ruhigen Nebenstraßen. Sie können die Route jederzeit mit Hilfe von Fähren oder der Eisenbahn (a) abkürzen.

Fahrräder: In vielen Hotels können Fahrräder ausgeliehen werden. Falls Sie Ihr eigenes Rad mitbringen, achten Sie bitte darauf, dass es zwei ______ (b), ein Vorder- und Rücklicht und eine ______ (c) hat, die nicht zu leise ist.

Sicherheit: Entlang der Route finden Sie in regelmäßigen Abständen Service-______ (d), an denen Sie Ihren ______ (e) prüfen oder auch ______ (f) kaufen können.

Verkehr: An ______ (g) ohne Verkehrszeichen gilt: Wer von rechts kommt, hat ______ (h).

_/7 PUNKTE

2 Tag der Umwelt: Ergänzen Sie die Sätze mit *ohne ... zu*, *ohne dass*, *statt ... zu* oder *statt dass*. Manchmal gibt es zwei Lösungen.

STRUKTUREN

a Steigen Sie Treppen, ... (keinen Aufzug benutzen)
b Nehmen Sie zum Einkaufen eine Stofftasche mit, ... (keine Plastiktasche kaufen)
c Ihre Wäsche trocknet auch, ... (keinen Trockner benutzen)
d Verkaufen Sie Ihre Kleidung auf einem Flohmarkt, ... (nicht in den Müll werfen)
e Spezialisten reparieren Ihr kaputtes Handy, ... (kein neues Gerät kaufen)
f So schützen Sie die Umwelt, ... (nicht auf Lebensqualität verzichten)

a Steigen Sie Treppen, statt den Aufzug zu benutzen. / statt dass Sie den Aufzug benutzen.

_/8 PUNKTE

3 Wer ist für die Umwelt verantwortlich? Was sagen die Personen? Ergänzen Sie.

KOMMUNIKATION

■ Natürlich sind die Industriebetriebe die größten Umweltverschmutzer. Da k _ _ _ ich dir nur _ us _ i _ _ _ _ (a). Aber ich finde, du machst es dir zu einfach, bloß den anderen die Schuld zu geben.

▲ Da bin ich a _ _ _ r _ _ Me _ _ _ _ g (b). Was kann ich als einzelne Person schon tun? Meinet _ _ _ _ _ kann j _ _ _ _ das so _ ac _ _ _ (c), wie er möchte.

■ Denk doch nur mal an unsere Stadt. Obwohl wir hier so gut wie keine Industrie haben, ist die Luft stark verschmutzt. Ä _ _ _ _ _ _ du dich _ _ nn nicht d _ _ ü _ _ _ (d)?

▲ Doch, das gefällt mir auch nicht. Da h _ _ _ du r _ _ _ _ (e).

_/5 PUNKTE

Wörter	Strukturen	Kommunikation
0–3 Punkte	0–4 Punkte	0–2 Punkte
4–5 Punkte	5–6 Punkte	3 Punkte
6–7 Punkte	7–8 Punkte	4–5 Punkte

www.hueber.de/menschen/lernen

LERNWORTSCHATZ

1 Wie heißen die Wörter in Ihrer Sprache? Übersetzen Sie.

Klima und Umwelt

Anbieter der, - ________
Energie die, -n ________
Gesetz das, -e ________
Konsum der ________
Mobilität die ________
mobil ________
Reinigung die, -en ________
Station die, -en ________
Stecker der, - ________
Steckdose die, -n ________
Umweltverschmutzung die, -en ________

konsumieren, hat konsumiert ________
schützen, hat geschützt ________
verbessern, hat verbessert ________
verbrauchen, hat verbraucht ________
verschlechtern (sich), hat sich verschlechtert ________

nützlich ________
das Nützliche ________

Fahrrad und Verkehr

Bremse die, -n ________
bremsen, hat gebremst ________
Druck der ________
Eisenbahn die, -en ________
Eisen das ________
Ersatzteil das, -e ________
A: Ersatzteil der, -e
Klingel die, -n ________
CH: auch: Glocke die, -n
Kreuzung die, -en ________
Vorfahrt die, -en ________
A: Vorrang der
CH: Vortritt der

Weitere wichtige Wörter

Badewanne die, -n ________
Forum das, Foren ________
Standpunkt der, -e ________

ab·hängen von, hat abgehangen ________
bemühen (sich), hat sich bemüht ________
fest·stehen, hat festgestanden ________
fest·stellen, hat festgestellt ________
vor·ziehen, hat vorgezogen ________
zu·stimmen, hat zugestimmt ________

breit ________
Breite die, -n ________
gleich ________
nötig ________
rein ________

meinetwegen ________
nebenbei ________
offenbar ________
sowieso ________

statt ... dass/zu ________
ohne ... dass/zu ________

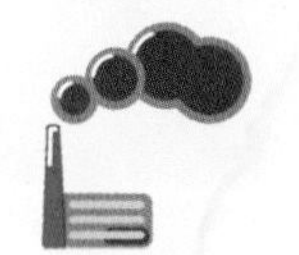

2 Welche Wörter möchten Sie noch lernen? Notieren Sie.

____
____
____

Das löst mehrere Probleme auf einmal.

KB 4 **1** **Bilden Sie Wörter. Ergänzen Sie dann und vergleichen Sie.**

WÖRTER

TIK | ~~DIS~~ | PRO | ~~TANZ~~ | NUNG | KRI | ZESS | PLA

Deutsch	Englisch	Meine Sprache oder andere Sprachen
a die Distanz	distance	
b	planning	
c	process	
d	criticism	

KB 4 **2** **Was passt? Kreuzen Sie an.**

WÖRTER

Liebe Isa,

Du wolltest wissen, wie mir das Leben auf dem Land gefällt. Also, ☒ anfangs ○ allmählich (a) war es schon ein bisschen komisch. Bei der Renovierung des Hauses gab es natürlich einige Probleme. Die ○ Teile ○ Einzelheiten (b) kann ich hier gar nicht schreiben. Aber ich erzähle Dir alles der ○ Reihe ○ Reihenfolge (c) nach, wenn Du mich besuchst.

○ Angeblich ○ Allmählich (d) fühle ich mich hier aber schon ziemlich wohl. Ich bin froh, dass wir ○ beschlossen ○ zugestimmt (e) haben, aufs Land zu ziehen. Hier gibt es kaum Verkehr und ○ Abgase ○ Umwelt (f). Das genieße ich. Die Leute sind auch total nett. Nur ○ nebenbei ○ nebenan (g) wohnt ein unsympathischer Typ. Er regt sich immer auf, wenn ○ Pflanzen ○ Blätter (h) von unseren Bäumen in seinen Garten fallen. Aber er ist zum Glück nicht so oft ○ da ○ weg (i). ○ Anscheinend ○ Endlich (j) muss er beruflich viel reisen.

Kommst Du nächstes Wochenende? Dann backe ich einen leckeren Kuchen mit ○ Pflaumen ○ Verpflegung (k) aus unserem eigenen Garten. Die sind nämlich schon ○ fertig ○ reif (l).

KB 5 **3** **Wozu? Warum? Absichten und Gründe**

STRUKTUREN ENTDECKEN

a **Was ist richtig? Kreuzen Sie an. Markieren Sie die Subjekte und die Verben.**

1 Ich treibe Sport, ☒ um ○ weil gesund zu bleiben.
2 Ich bewege mich viel, ○ damit ○ weil ich gesund bleiben will.
3 Ich habe keinen Vitaminmangel, ○ damit ○ weil ich viel Obst esse.
4 Ich gehe früh ins Bett, ○ damit ○ um mindestens acht Stunden schlafen zu können.
5 Ich schlafe viel, ○ damit ○ um sich mein Körper erholen kann.
6 Ich mache eine Diät, ○ um ○ weil abzunehmen.
7 Ich esse weniger, ○ damit ○ weil ich abnehmen möchte.

b **Ergänzen Sie die Konjunktionen *um … zu* und *damit*.**

GRAMMATIK

Subjekt in Haupt- und Nebensatz ist gleich
→ Nebensatz mit ______________ oder damit

Subjekte in Haupt- und Nebensatz sind verschieden
→ Nebensatz nur mit ______________

c **Ergänzen Sie *zu* und die Verben aus den *um … zu*-Sätzen in a.**

GRAMMATIK

Die Position von *zu* …

bei trennbaren Verben: ______

bei Modalverben: ______

bei allen anderen Verben: zu bleiben

KB 5 STRUKTUREN

4 Das habe ich immer dabei! Ordnen Sie zu und schreiben Sie Sätze mit *um … zu*.

Zigaretten anzünden | etwas notieren können | Geld abheben | bar bezahlen | ~~immer erreichbar sein~~ | Termine nicht vergessen

a ein Handy, um immer erreichbar zu sein

b ein Feuerzeug, ______

c Geld, ______

d eine EC-Karte, ______

e einen Stift, ______

f einen Kalender, ______

KB 5 STRUKTUREN

5 Mein Zuhause

Schreiben Sie Sätze mit *um … zu*. Verwenden Sie *damit*, wenn *um … zu* nicht möglich ist.

Ich brauche …

a ein großes Sofa, damit Gäste übernachten können.
(Gäste können übernachten.)

b eine Spülmaschine, ______.
(Ich muss nicht mit der Hand spülen.)

c große Fenster, ______.
(Meine Pflanzen haben genug Licht.)

d einen Balkon, ______.
(Ich kann im Sommer immer draußen sitzen.)

KB 7 STRUKTUREN

6 Im Meeting: Ordnen Sie zu.

~~vorbereitet hätte~~ | wäre | dauern würde | zuhören würde | gehören würde

a Petra tut so, als ob sie sich auf die Konferenz vorbereitet hätte.

b Es sieht so aus, als ob sie dem Chef ______.
Aber in Wirklichkeit chattet sie.

c Petra scheint es, als ob die Sitzung schon ewig ______,
obwohl sie erst vor zehn Minuten begonnen hat.

d Plötzlich klingelt Petras Smartphone. Petra tut so, als ob ihr das klingelnde
Smartphone nicht ______.

e Sie tut so, als ob die Konferenz interessant ______.
Aber sie schreibt eine SMS.

BASISTRAINING

KB 7 **7** **In der WG: Schreiben Sie *als ob*-Sätze.**

STRUKTUREN

a In der Küche sieht es aus, …
(Wir haben schon monatelang nicht mehr geputzt.)

b Überall stehen leere Flaschen herum. Es scheint so, …
(Wir feiern dauernd Partys.)

c Die Spülmaschine hört sich an, …
(Sie geht bald kaputt.)

d Ben, unser Mitbewohner, tut so, …
Aber er will nur nicht beim Aufräumen helfen.
(Er muss für eine Prüfung lernen.)

a … als ob wir schon monatelang nicht mehr geputzt hätten.

KB 8 **8** **Lösen Sie das Rätsel und finden Sie das Lösungswort.**

WÖRTER

					Lösung:			↓									
					a	E		T								E	N
				b	A							D					
	c	V									N						
d	R								L								
			e	V								N					
					f	S			G								
						g	K					N					
								O									
					h	B								N			
								I									
			i	E									G				
			j	A							G						

Lösung:
Wissenschaftler entwickeln ständig neue
____________________.

a Viele haben ihre Arbeit verloren. Die Gewerkschaft konnte die … nicht verhindern.
b Kein Teilnehmer fehlt. Alle sind …
c Der Täter kam ins Gefängnis, nachdem das … aufgeklärt worden war.
d Seit seinem Unfall kann mein Nachbar nicht mehr laufen. Er sitzt im …
e Umwelt und Klima bleiben nicht gleich. Sie … sich.
f Wegen der vielen Abgase kann man den Himmel nicht mehr sehen. Es liegt … über der Stadt.
g Die Patienten … über starke Schmerzen.
h Kannst du ein paar Gründe nennen? Du musst deine Meinung …, sonst kannst du mich nicht überzeugen.
i Die … zwischen München und Hamburg beträgt ungefähr 800 Kilometer.
j Ich glaube, ich könnte nicht mehr ohne Smartphone leben. Ich bin davon …

KB 8 **9** **So sieht unsere Zukunft aus.**

LESEN

a Überfliegen Sie den Text und kreuzen Sie an. Welcher Titel passt am besten?

- ◯ 1 Wie sollen ältere Menschen in den Städten wohnen?
- ◯ 2 Warum wir von Energiekonzernen abhängig sind.
- ◯ 3 Wie werden sich unsere Städte in Zukunft entwickeln?

Wir haben die Zukunftsforscherin Frau Professor Meier gefragt.

Ich bin davon überzeugt, dass die Stadt in Zukunft als Wohnort eine noch wichtigere Rolle spielen wird als heute. In Hamburg zum Beispiel wächst die Zahl der Einwohner jährlich um circa 5000. Wenn sich die Zahl der Städtebewohner weiter so vergrößert, dann brauchen wir mehr Wohnraum. Meiner Überzeugung nach müssen viel mehr Wohnungen gebaut werden, die sich auch Leute mit einem durchschnittlichen Einkommen leisten können. Dazu gibt es keine Alternative.

Bei der zunehmenden Alterung der Gesellschaft müssen wir uns natürlich auch für die Städte Wohnformen überlegen, die für ältere Leute geeignet sind, wie zum Beispiel Mehrgenerationenhäuser. Wir können nicht so tun, als ob allein der Bau von weiteren Altenheimen die Lösung wäre.

Für mich besteht kein Zweifel daran, dass sich die Nachfrage nach Energie besonders in den Städten erhöhen wird. Wir haben keine andere Wahl: Wir müssen weiter intensiv nach alternativen umweltfreundlichen Energien suchen, sonst nimmt die Klimaerwärmung noch schneller zu. Die Sache ist aber ganz einfach: Städtebewohner müssen ihre Energie selbst produzieren, indem sie zum Beispiel Sonnenenergie nutzen. Dadurch sinkt der Stromverbrauch in den Städten und man braucht nicht so viele große Kraftwerke und Stromleitungen.

Das löst also zwei Probleme auf einmal.

b Wo steht das im Text? Lesen Sie noch einmal und notieren Sie die Zeile(n).

1. Verbraucher sollen nicht von Energiekonzernen abhängig sein. 25–28
2. Die Zahl älterer Menschen erhöht sich. ______
3. In Zukunft wird noch mehr Strom verbraucht. ______
4. Man braucht Alternativen zu Altenheimen. ______
5. Es muss mehr günstige Wohnungen geben. ______
6. Bei der Produktion von Energie muss man Rücksicht auf die Umwelt nehmen. ______
7. Immer mehr Menschen ziehen in Städte. ______

KB 8 **10** **Ergänzen Sie die Rede des Betriebsrats. Hilfe finden Sie im Text in 9.**

KOMMUNIKATION

Meiner Überzeugung (a) nach müssen wir Arbeitnehmer zu viele Überstunden machen. Wir ______________________ (b), als ob es gesund wäre, jeden Tag zehn oder zwölf Stunden zu arbeiten. ______________________ (c) überzeugt, dass das die Ursache für viele Krankheiten ist.

______________________ (d) einfach: Jeder Mitarbeiter soll für seine Überstunden Freizeit bekommen, statt dass die Firma jede Überstunde bezahlt. Das löst gleich ______________________ (e): Wir Arbeitnehmer sind zufriedener und es gibt weniger Probleme, weil kein kranker Mitarbeiter vertreten werden muss. Für mich ______________________ (f) daran, dass das sowohl für uns Mitarbeiter als auch für die Firma gut wäre.

TRAINING: SPRECHEN

1 Ein Gespräch über eine Präsentation vorbereiten

a Nach einer Präsentation führen Sie mit Ihrer Partnerin / Ihrem Partner ein Gespräch. Wie können Sie auf Fragen und Kommentare der Zuhörerin / des Zuhörers reagieren? Ordnen Sie zu.

~~Das ist eine gute Frage. Aber leider weiß ich das nicht so genau. Ich glaube, …~~ | Ja, richtig, das habe ich vergessen / das wollte ich noch sagen: … | Das bedeutet … | Das habe ich schon gesagt: Meiner Meinung nach … | Danke. Das freut mich.

Kommentare und Fragen der Zuhörerin / des Zuhörers	Reaktionen der/des Präsentierenden
Ihr Vortrag hat mir sehr gut gefallen. Ich habe viel Neues gelernt. Besonders interessant fand ich, dass … Es überrascht/wundert mich, dass …	
Ihre Präsentation war sehr interessant. Aber ich habe nicht alles ganz genau verstanden. Ich würde gern fragen, was … bedeutet? / Darf ich fragen, was … bedeutet?	
Das war gut. Aber ich glaube, Sie haben nichts über die Vorteile von … gesagt. Können Sie vielleicht noch etwas dazu sagen?	
Darf ich noch etwas fragen? Ich würde gern wissen, was Sie von … / davon halten. / was Sie über … denken.	
Ich hätte noch eine Frage: Wissen Sie eigentlich, …	Das ist eine gute Frage. Aber leider weiß ich das nicht so genau. Ich glaube, …

TIPP
In Prüfungen wird nicht nur die Präsentation, sondern auch das Gespräch darüber bewertet. Antworten Sie nicht zu kurz auf die Rückfragen und Kommentare Ihrer Partnerin / Ihres Partners.

b Wie kann man Fragen zur Präsentation stellen und Interesse zeigen? Lesen Sie die Situationen und schreiben Sie Sätze. Hilfe finden Sie in a.

1 Sie fanden den Vortrag sehr gut.

____

2 Im Vortrag wurde nicht über Vorteile gesprochen.

____

3 Ihre Partnerin / Ihr Partner hat ihre/seine eigene Meinung nicht gesagt.

____

4 Sie möchten eine Frage stellen.

____

TRAINING: SPRECHEN

5 Ein Punkt war für Sie besonders überraschend.

> **TIPP** Überlegen Sie schon beim Zuhören, welche Frage Sie zur Präsentation stellen können. Vergessen Sie auch nicht zu sagen, wie Ihnen die Präsentation insgesamt gefallen hat oder was Sie besonders interessant gefunden haben.

2 Eine Präsentation halten und ein Gespräch darüber führen

a **Halten Sie Ihre Präsentation „Eine Urlaubsregion in meinem Heimatland" im Kursbuch auf Seite 88 (noch einmal).**

b **Sprechen Sie dann mit Ihrer Partnerin / Ihrem Partner über die Präsentation.**

c **Tauschen Sie danach die Rollen.**

TRAINING: AUSSPRACHE *Diphthonge*

1 Laute und Buchstaben

▶ 2 34 **a** **Hören Sie und sprechen Sie nach.**

1 Pflaume – bauen – Haus – Auto
2 Zweifel – Beitrag – Kaiser – Mai – reif
3 Überzeugung – betreuen – Träume – Gebäude – Bäume

▶ 2 35 **b** **Hören Sie und sprechen Sie nach.**

1 Reife Pflaumen fallen von den Bäumen.
2 Kein Zweifel: Im Mai blühen die Pflaumenbäume.
3 Meine Überzeugung ist: Jeder sollte ein Energiespar-Haus bauen und ein Elektroauto fahren.

2 Reime

▶ 2 36 **a** **Hören Sie und sprechen Sie dann.**

■ Reim doch mal was!
▲ Ach nein.
■ Doch!
▲ Na gut: nein, Bein, Wein … Und jetzt du.
■ Ich?
▲ Ja. Du auch!
■ Na gut: auch, Bauch, Rauch …
▲ Toll. Wir müssen heute –
■ heute, betreute, freute …

b **Finden Sie noch mehr Reime auf *nein, auch, heute*? Oder reimen Sie mit *Träume* oder *Haus*.**

TEST

1 Leben im Alter: Ordnen Sie zu.

Wörter

Zweifel | ~~Absicht~~ | Wirklichkeit | Nachfrage | Altenheim | Planung

▲ Ich habe nicht die Absicht (a), in ein ______________ (b) zu gehen. Deshalb möchte ich mit Freunden eine Wohngemeinschaft für Senioren gründen.
● Gute Idee! Leider ist es in ______________ (c) nicht so einfach. Nehmt euch viel Zeit für die ______________ (d).
■ Ich habe so meine ______________ (e), ob das funktioniert. Wer kümmert sich um die Wäsche oder den Einkauf?
◆ Ich wohne in einem Seniorenheim und finde es toll. Übrigens, die ______________ (f) ist groß und es gibt lange Wartelisten.

_ / 5 Punkte

2 Gesund leben: Schreiben Sie Sätze mit *damit* oder *um ... zu*. Manchmal gibt es zwei Lösungen.

Strukturen

a Manche Menschen ziehen aufs Land, ... (ihre Kinder können ohne Smog aufwachsen)
b Andere kaufen viele Bioprodukte, ... (sich gesund ernähren)
c Viele fahren lieber mit dem Fahrrad als mit dem Auto, ... (die Umwelt schützen)
d Neue Wohnformen werden gebildet, ... (die Menschen können sich gegenseitig unterstützen)

a Manche Menschen ziehen aufs Land, damit ihre Kinder ohne Smog aufwachsen können.

_ / 5 Punkte

3 Ergänzen Sie die Sätze.

Strukturen

a Manche Menschen tun so, als ob im Bereich der Pflege ... (Roboter – die Lösung – sein)
b Es scheint so, als ob ... (Roboter – die Arbeit von Krankenpflegern – können übernehmen)
c Und es hört sich so an, als ob ... (nur noch ein paar technische Verbesserungen – nötig sein)

a Manche Menschen tun so, als ob im Bereich der Pflege Roboter die Lösung wären.

_ / 2 Punkte

4 Ordnen Sie zu.

Kommunikation

können nicht so | besteht kein Zweifel | Überzeugung nach | diese Zahl realistisch | Sache ganz einfach

■ Anscheinend wird in zehn Jahren jeder dritte Deutsche älter als 60 Jahre sein. Ist ______________ (a)?
▲ Ja! Darüber berichten Forscher seit Jahren. Dabei ist die ______________ (b). Meiner ______________ (c) muss man die Arbeit neu verteilen.
■ Aber wir ______________ (d) tun, als ob es in Zukunft nur gesunde Menschen geben würde. Für mich ______________ (e) daran, dass wir mehr Pflegeplätze und Pflegekräfte brauchen.

_ / 5 Punkte

Wörter		Strukturen		Kommunikation	
●	0–2 Punkte	●	0–3 Punkte	●	0–2 Punkte
●	3 Punkte	●	4–5 Punkte	●	3 Punkte
●	4–5 Punkte	●	6–7 Punkte	●	4–5 Punkte

www.hueber.de/menschen/lernen

LERNWORTSCHATZ

1 Wie heißen die Wörter in Ihrer Sprache? Übersetzen Sie.

Gemeinschaft/Zukunft

Abgase die (Pl.) ______
CH: Abgas das, -e
Absicht die, -en ______
Altenheim/Altersheim das, -e ______
A/CH: Altersheim das, -e
Entfernung die, -en ______
Entlassung die, -en ______
Kritik die, -en ______
Nachfrage die, -n ______
Planung die, -en ______
Prozess der, -e ______
Smog der, -s ______
Technologie die, -n ______
Verbrechen das, - ______
Wirklichkeit die, -en ______
Zweifel der, - ______

beschließen, hat beschlossen ______
erhöhen (sich), hat sich erhöht ______
klagen (über), hat geklagt ______
realisieren, hat realisiert ______
verändern (sich), hat sich verändert ______
vergrößern (sich), hat sich vergrößert ______
zweifeln, hat gezweifelt ______

abhängig ⟷ unabhängig ______
ewig ______

Weitere wichtige Wörter

Blatt das, ¨er ______
Distanz die, -en ______
Einzelheit die, -en ______
Metzgerei die, -en ______
Metzger der, - ______
A: auch: Fleischhauer der, -
Pflaume die, -n ______
A: Zwetschke die, -n
CH: Zwetschge die, -n
Reihe die, -n ______
der Reihe nach ______
Rollstuhl der, ¨e ______
Rollstuhlfahrer der, - ______

an·zünden, hat angezündet ______
begründen, hat begründet ______

anwesend ⟷ abwesend (sein) ______
da sein ______
reif ______

allmählich ______
anfangs ______
anscheinend ______
nebenan ______

als ob ______
damit ______

um ... zu ______

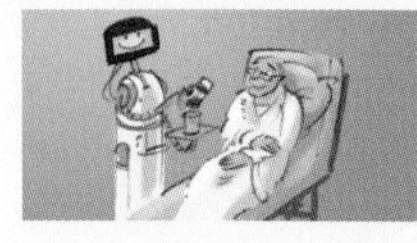

2 Welche Wörter möchten Sie noch lernen? Notieren Sie.

______
______
______
______

WIEDERHOLUNGSSTATION: WORTSCHATZ

1 Ordnen Sie zu. Nicht alle Wörter passen.

verbrauchen | Rollstuhl | schützen | Nachfrage | verändern | erhöhen | Konsequenzen | klagen | ~~Verkehrsplanung~~ | verbessert | Smog | beschließen

Mobilität für alle!

Die Ampel springt auf Grün: Friedrich Schulz steht mit seinem ______________ (a) mitten auf der Straße, als die Ampel wieder Rot zeigt. Die Autofahrer kommen näher. Herr Schulz hat nun gleich zwei Probleme: Er ist zu langsam, außerdem ist der Bürgersteig auf der anderen Straßenseite viel zu hoch.

Solche Situationen wie diese sind nicht ungewöhnlich. Kritiker ______________ (b) seit Langem darüber, wie gefährlich der Straßenverkehr für Fußgänger, besonders für Kinder, Senioren oder Menschen mit Behinderung ist. Denn in der Verkehrsplanung (c) geht es meistens um die Fragen, welchen Platz die Radfahrer und die Autos brauchen. Dabei wird oft vergessen, dass auch Fußgänger eine wichtige Rolle bei der Mobilität der Zukunft spielen. Sie ______________ (d) keine Energie und verursachen keinen ______________ (e). Aber wie kann man sie besser ______________ (f)? Wie kann man Wege und Plätze so ______________ (g), dass sich Fußgänger nicht nur sicher, sondern auch wohl fühlen? Mit diesen Fragen beschäftigt sich jedes Jahr die Internationale Fußgängerkonferenz Walk21, die 2013 zum ersten Mal in Deutschland, in München, stattfand.

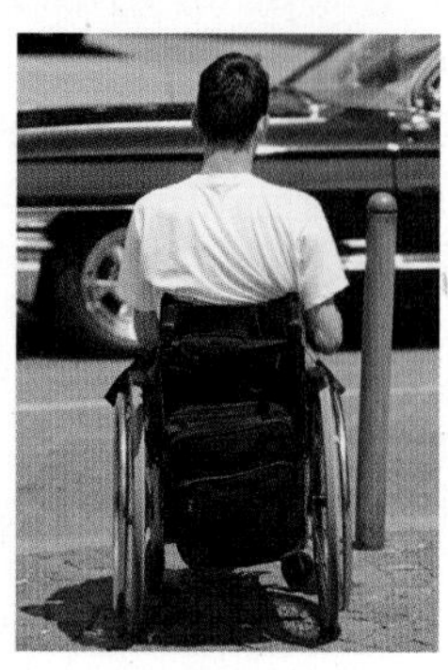

Auf dieser Konferenz diskutieren mehrere hundert Politiker, Stadtplaner und Wissenschaftler regelmäßig, wie der Fußverkehr in Städten ______________ (h) werden kann. Außer zahlreichen Präsentationen gibt es Ausflüge zu Fuß, sogenannte Walkshops. Bei diesen Spaziergängen werden Fußgängerwege getestet und konkrete ______________ (i) gefordert.

Im besten Fall ______________ (j) die Verantwortlichen im Rathaus daraufhin, Ampelschaltungen zu verlängern und Bürgersteige niedriger zu machen.

So wie bei Friedrich Schulz. Er kann nun sicher die Straße überqueren.

2 Lösen Sie das Rätsel.

a 1961 war der M[11] A U __ __ B __ __ in Berlin.

b Nomen für „fliehen": __ __ U __ __ __[3]

c Körperliche Macht: G __ W __ __[8] T

d Anderes Wort für Feind: G __ G __[6] __[13] __ __

e Sie kämpfen im Krieg: __ __[5] __ D __ __ __ __[12]

f Wurde am 1. November 1993 gegründet: __ U __ O __ Ä __[4] __ __ __[9] __ Union.

g Anderes Wort für Grund: __ __ __ __[2] __ __ __

Was wurde von August Heinrich Hoffmann von Fallersleben gedichtet?

Die deutsche N __ __ __ __ __ A __ __ Y M __ __

1 2 3 4 5 6 7 8 9 10 11 12 13

WIEDERHOLUNGSSTATION: GRAMMATIK

1 Eine „fahrradfreundliche Stadt"

Was wurde alles gemacht? Schreiben Sie Sätze im Passiv Präteritum.

a viele Straßen in reine Fahrradstraßen – umwandeln
b Kreuzungen – sicherer machen
c ein neuer Radfahrerstadtplan – veröffentlichen
d die Parkflächen für Fahrräder – vergrößern
e die Anzahl der Radwege – erhöhen
f viele alte Radwege – verbessern

a Viele Straßen wurden in reine Fahrradstraßen umgewandelt.

2 Meine Freundin Rosa tut so, ...

Ordnen Sie zu und ergänzen Sie die Verben im Konjunktiv.

verbrauchen | ~~sein~~ | sein | kaufen | nutzen | retten wollen

a Es scheint so, als ob meine Freundin Rosa sehr umweltbewusst wäre.
b Es sieht so aus, als ob sie allein die Welt ____________.
c Sie tut so, als ob sie fast kein Wasser ____________.
d Sie tut so, als ob sie nur ökologische Lebensmittel ____________.
e Es scheint so, als ob sie nur öffentliche Verkehrsmittel ____________.
f Sie sieht so aus, als ob sie ein Hippie ____________.

Aber in Wirklichkeit isst sie fast nur Fast Food, badet jeden Tag und fährt jeden Meter mit dem Auto.

3 Good Bye, Lenin! – ein Film

Lesen Sie die Filmkritik. Welche Konjunktion ist richtig? Kreuzen Sie an.

Good Bye, Lenin!

Der Film *Good Bye, Lenin!* spielt zwischen 1989 und 1990 in der DDR. In dem Film geht es um den 21-jährigen Alex und seine kranke Mutter, die sich für den Sozialismus eingesetzt hat.
Die Mutter wird krank und liegt im Koma. Nach acht Monaten wacht die Mutter wieder auf, ☒ ohne zu ○ statt zu (a) wissen, dass die Mauer gefallen ist und der Alltag der Menschen nicht mehr so ist wie vorher. Überall gibt es jetzt Coca Cola, Fast Food und Autos aus dem Westen, aber kaum mehr die vertrauten DDR-Produkte, die die Mutter gern haben möchte. Die kranke Frau soll sich aber nicht aufregen, ○ damit ○ um (b) sich ihr Gesundheitszustand nicht verschlechtert. Deshalb tut Alex so, ○ ohne dass ○ als ob (c) sich nichts verändert hätte, ○ ohne dass ○ statt (d) ihr von der neuen politischen Situation zu erzählen. Alex tut alles, ○ damit ○ um (e) ihr eine andere Wirklichkeit vorzuspielen.
Er produziert zusammen mit einem Freund sogar eigene Nachrichtensendungen, ○ damit ○ ohne dass (f) die Mutter fernsehen kann, ○ ohne ○ ohne dass (g) sie die Wahrheit erfährt.
Ob die Mutter das wirklich alles glaubt, bleibt in dieser wundervollen Tragikomödie über das Ende der DDR offen.

SELBSTEINSCHÄTZUNG Das kann ich!

Ich kann jetzt ...

... Wunschvorstellungen ausdrücken: L22

M______ hat schon i_________ die Französische Revolution interessiert.
Das war be______________ eine beein______________________ Zeit.
Das h________ ich gern erl________.

... Zustimmung/Ablehnung ausdrücken: L23

Ganz ge______!
Ich kann d____ da nur zu______________.
Ich bin vö________ an__________ Mei_________. Mein Sta________________ ist, dass wir Autos in Städten verbieten müssen.

... rückfragen und Gleichgültigkeit ausdrücken: L23

■ __________ dir das nichts aus?
▲ Nein, das ist mir ganz __________.
■ Ärgerst du dich denn nicht da__________?
▲ Mei________________ kann jeder das so machen, wie er m__________.

... Überzeugung ausdrücken: L24

W______ sich die Zahl der Senioren wei______ so erhö____, dann br____________ wir Technologien, die ihnen ein unabhängiges Leben ermöglichen.
Dazu gibt es keine Alt______________.
B____ der zune________________ Alterung der Gesellschaft k____________ wir nicht so t____, als ob alle alten Menschen persönlich betreut werden könnten.
F____ mich b____________ kein Z____________ daran, dass Roboter in Pflegeheimen eine wichtige Rolle spielen werden.

Ich kenne ...

... 8 Wörter zum Thema „Geschichte“: L22

____

... 8 Wörter zum Thema „Umwelt und Klima“: L23

____

... 8 Wörter zum Thema „Zukunft“: L24

____

Ich kann auch ...

... Handlungen in der Vergangenheit ohne Subjekt beschreiben (Passiv Perfekt, Passiv Präteritum): L22

Der Westteil von Berlin ____________ von den sowjetischen Truppen ________________. (Passiv Perfekt: *besetzen*)

In der BRD __________ die Demokratie ________________.
(Passiv Präteritum: *einführen*)

SELBSTEINSCHÄTZUNG *Das kann ich!*

... ausdrücken, dass etwas anders oder nicht wie erwartet eintritt (Satzverbindungen: (an)*statt zu, ohne zu,* (an)*statt dass, ohne dass*): L23 Ich steigere lieber Fitness und Kondition, ________ im Stau ____ stehen. Die Bürger demonstrieren für bessere Radwege, ______________ die Politik etwas ändert.	○	○	○
... Absichten ausdrücken (Satzverbindungen: *um zu, damit*): L24 Drei Familien haben den Betrieb wieder aufgebaut, ________ wir die Nachfrage nach Obst und Gemüse bedienen können. Wir hatten uns zusammengeschlossen, ____ gemeinsam ein Dorf ____ bauen.	○	○	○
... irreale Vergleiche ausdrücken (Satzverbindungen: *als ob* + Konjunktiv II): L24 Wir tun so, ______________________________________ ____. (in Sachen Klimaschutz noch ewig Zeit für Veränderungen haben)	○	○	○

Üben/Wiederholen möchte ich noch:

____

RÜCKBLICK

Wählen Sie eine Aufgabe zu Lektion 22 ______________________________

1 Lesen Sie noch einmal die Texte über die Geschichte Österreichs und der Schweiz im Kursbuch auf Seite 65.
Welche Sätze passen zu Österreich und zur Schweiz? Kreuzen Sie an.

		Österreich	Schweiz
a	Dieses Land ist im Ersten Weltkrieg neutral geblieben.	○	⊗
b	Dieses Land hat gegen den Beitritt zur EU gestimmt.	○	○
c	1918 ist die Republik gegründet worden.	○	○
d	Dieses Land hat 1938 seine Selbstständigkeit verloren.	○	○
e	Dieses Land hat 1971 das Frauenwahlrecht eingeführt.	○	○
f	Dieses Land ist in vier Besatzungszonen aufgeteilt worden.	○	○

2 Historische Ereignisse in meinem Geburtsjahr
Suchen Sie Informationen und schreiben Sie eine Liste über wichtige (geschichtliche) Ereignisse, die in Ihrem Geburtsjahr stattgefunden haben.

Mein Geburtsjahr – 1993
- Krieg in Jugoslawien
- Bill Clinton wird Präsident in den USA
- Tschechien und Slowakei gründen Staat

RÜCKBLICK

Wählen Sie eine Aufgabe zu Lektion 23

1 Fahrradfreundliche Städte
Lesen Sie den Text im Kursbuch auf Seite 68 noch einmal. Wie werden Städte fahrradfreundlicher? Notieren Sie.

Fahrradfreundliche Städte:
Ausbau der Radwege: Die Radwege werden breiter. Neue Radwege werden eingerichtet.

2 Ihre Traumstadt
Soll Ihre Traumstadt fußgänger-, fahrrad- oder autofreundlich sein? Wählen Sie, sammeln Sie Ideen und machen Sie Notizen. Schreiben Sie dann einen Text.

Meine Stadt ist fußgängerfreundlich
Autofreie Innenstadt: Autos müssen am Stadtrand geparkt werden.
Straßen und Radwege werden zu Spiel- und Grünflächen.

Meine Traumstadt ist fußgängerfreundlich
Hier gibt es in der Innenstadt fast keine Autos. Sie müssen ... Nur in Notfällen ...

Wählen Sie eine Aufgabe zu Lektion 24

1 Lesen Sie noch einmal die Beschreibung des Menschendorfs im Kursbuch auf Seite 72 und 73. Korrigieren Sie die Sätze.

a Lisa genießt morgens in Ruhe ihren Kaffee. ~~Hinterher~~ Vorher muss sie sich um die Kinder kümmern.
b Die Gruppe hatte die Absicht, zusammen ein Haus zu bauen.
c Die Planungsphase war schön, als die Gemeinschaft Entscheidungen treffen musste.
d Oma Anne wohnt weit entfernt.
e Die alten Häuser sind schon immer für Rollstuhlfahrer geeignet.
f Alle arbeiten im Dorf z.B. in der Bio-Metzgerei oder beim Friseur.
g Im Alltag kann man nicht entscheiden, wie viel Distanz oder Nähe man möchte.

2 Wie würden Sie in 20 Jahren gern wohnen? Schreiben Sie.

Wie möchten Sie wohnen? Warum?
- allein? / mit der Familie? / in einer WG?/ in einem Gemeinschafts-Wohnprojekt?
- in welchem Gebäude?
- auf dem Land? / in der Stadt?

Ich würde am liebsten in einem Gemeinschafts-Wohnprojekt mit Freunden in einem Haus in der Stadt wohnen. Das Haus müsste ziemlich groß sein, sodass jeder genug Platz für sich hat und Distanz halten kann. Aber es sollte unbedingt Gemeinschaftsräume geben. Dort ...

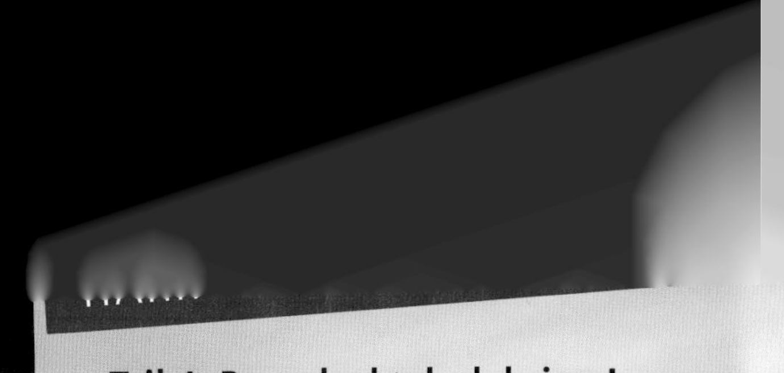

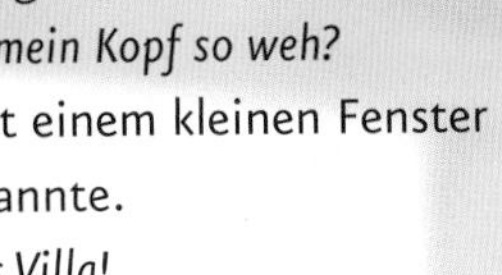

Teil 4: Dem glaubt doch keiner!

Ich machte langsam die Augen auf.

Wo bin ich? Und warum tut mein Kopf so weh?

Ich saß in einem Raum mit einem kleinen Fenster weit oben. Eine Lampe brannte.

Ich bin im Keller von Willems Villa!

Die beiden Männer standen an einem Tisch und zählten Geld. Ich versuchte aufzustehen, aber ich war an meinen Stuhl gefesselt.

„Sieh mal einer an, der Herr ist aufgewacht“, sagte Willems.

„Na, gut geschlafen? Hähä.“ Der andere lachte.

„Warum haben Sie Ihr eigenes Hotel ausgeraubt?“, fragte ich Willems.

„Hahaha, mein eigenes Hotel … 20 Jahre habe ich das Hotel geleitet. Ich habe es groß gemacht. Und jetzt, plötzlich, will der Besitzer mich entlassen.“

„Vielleicht haben ein paar Kassenbücher nicht gestimmt, was, Chef? Hähä.“

„Robby, halt den Mund. Ich habe mir nur geholt, was ich verdiene.“

Ich sah auf den Tisch. „Da war ja ganz schön viel Geld im Hotelsafe.“

„Man muss eben wissen, an welchem Tag man das Hotel am besten ausraubt.“

„Chef, was machen wir mit ihm?“ Robby zeigte auf mich.

„Das überlegen wir später. Jetzt müssen wir erst mal das Geld hier wegbringen.“

Willems packte die Scheine in eine große Tasche.

„Aber Chef, er ist ein Zeuge. Er wird zur Polizei gehen, wenn wir ihn laufen lassen.“

„Was soll er schon sagen? Wenn die Polizei hier kein Geld findet, glaubt sie ihm nicht.“

„Stimmt, Chef. Hähä.“

Da hat er recht. Es ist einfach zu verrückt, dass der Manager sein eigenes Hotel ausraubt.

Draußen blieb ein Auto stehen. Dann gleich noch ein zweites.

„Chef, und wenn das die Polizei ist?“

„Schnell, Robby, pack das letzte Geld in die Tasche. Und dann gehen wir hinten raus. Die wissen ja nicht, dass wir hier unten sind.“

„Hilfe!“, rief ich laut. „Hier sind die Diebe. Hilfe!“

„Halt den Mund!“

Da sah ich ein kleines Gesicht oben am Kellerfenster.

„Hallo Schneemann!“ Emma winkte.

Kurz darauf stand die Polizei im Raum und Clarissa mit Emma.

„Herr Willems, Sie sind verhaftet“, sagte ein Polizist nach einem Blick in die Tasche mit dem Geld.

„Clarissa! Wie haben Sie es bloß geschafft, dass die Polizei Ihnen glaubt?“, fragte ich.

„Oh, das bleibt mein Geheimnis.“ Sie lächelte.

„Komm, Schneemann, gehen wir!“

„Wir brauchen noch Ihre Zeugenaussage, Herr Kanto. Kommen Sie bitte mit zur Polizei.“

Würde ich ja gern, aber …

„Was ist denn los, Harry? Kommen Sie schon, das müssen wir feiern.“

„Vielleicht könnte mich irgendjemand losbinden …?“

GRAMMATIKÜBERSICHT

Artikelwörter und Pronomen

Ausdrücke mit *es* L17	
***es* in festen Wendungen**	Es ist schwierig / nicht leicht / noch nicht möglich, ... Es lohnt sich. Es gibt ... Es fällt ihr schwer, ...
Tages- und Jahreszeiten	Es ist schon Abend/Nacht. Es ist Sommer/Winter/...
Wetter	Es schneit/regnet. Es ist sonnig/neblig/... Es hat kurz vorher geregnet. Es war eher bewölkt. Es donnert und blitzt.
Befinden	Wie geht es Ihnen? Es geht ihr nicht gut.

Verben

nicht/nur brauchen* + Infinitiv mit *zu L16
Im Haushalt brauchte ich in den Jahren vor dem Abitur nicht zu helfen. Ich brauchte nur mein Zimmer in Ordnung zu halten.

Passiv Präsens mit Modalverben L21			
		Modalverb	**Partizip Perfekt + *werden***
Singular	Es	muss vorher fleißig	geübt werden.
Plural	Auftrittsmöglichkeiten	müssen	gesucht werden.
auch so mit: können, dürfen, wollen, sollen			

Passiv Perfekt L22			
Der Westteil Berlins	ist	von den sowjetischen Truppen	besetzt worden.
In der BRD	ist	die Demokratie	eingeführt worden.

Passiv Präteritum L22			
Der Westteil Berlins	wurde	von den sowjetischen Truppen	besetzt.
In der BRD	wurde	die Demokratie	eingeführt.

Präpositionen

kausale Präposition *wegen* + Genitiv L13		
●	wegen	des Dialekts
●		des Missverständnisses
●		der Betonung
●		der Bedeutungen

lokale Präpositionen L21	
um ... herum + Akkusativ	Wir fahren dreimal um das Zentrum herum.
an/am ... entlang + Dativ	Es geht am Rhein entlang nach Basel.
innerhalb, außerhalb + Genitiv	Der Veranstaltungsort liegt außerhalb der Stadt.

temporale Präpositionen L21	
innerhalb, außerhalb + Genitiv	Innerhalb weniger Tage reisen wir durch Deutschland und die Schweiz.

Konjunktionen

Konjunktionen: Gründe und Folgen ausdrücken L13	
Grund	**Folge**
Jennifer hat kurz vor dem Essen vom Tod ihres Onkels erfahren.	Deshalb / Darum / Deswegen / Aus diesem Grund / Daher hat sie das Essen abgesagt.

zweiteilige Konjunktionen *sowohl ... als auch / nicht nur ..., sondern auch* (Aufzählungen) L15
Ich spreche sowohl Deutsch als auch Spanisch. Ich spreche nicht nur Deutsch, sondern auch Spanisch. = Ich spreche Deutsch und auch Spanisch.

zweiteilige Konjunktionen L18
entweder ... oder = oder
Die Gründe waren entweder nicht eingehaltene Wahlversprechen oder die Skandale einiger Minister.
weder ... noch = nicht ... und nicht ...
Weder waren den jungen Leuten die Volksvertreter volksnah genug, noch konnten sie die Parteien gut genug voneinander unterscheiden.
zwar ... aber = obwohl
Zwar hält die Mehrheit der Jugendlichen die Demokratie für die beste Staatsform, aber die etablierten Parteien profitieren kaum davon.

GRAMMATIKÜBERSICHT

zweiteilige Konjunktion *je ... desto/umso ...* L19	
Nebensatz	**Hauptsatz**
Je mehr Menschen sich engagieren,	desto/umso besser kann der Verein seine Arbeit machen.

Konjunktionen *indem* und *sodass* L20	
Mittel	**Resultat**
Indem du Route und Ziel deiner Bergtour notierst,	kannst du gefunden werden, falls du verunglückst.
Notiere Route und Ziel deiner Bergtour,	sodass du gefunden werden kannst, falls du verunglückst.

Konjunktionen *(an)statt/ohne ... zu, (an)statt/ohne dass* L23	
Hauptsatz	**Nebensatz**
Ich lebe in einem attraktiven Umfeld,	ohne dass ich auf Komfort verzichte.
Ich lebe in einem attraktiven Umfeld,	ohne auf Komfort zu verzichten.
Ich steigere Fitness und Kondition,	statt dass ich im Stau stehe.
Ich steigere Fitness und Kondition,	statt im Stau zu stehen.

! Gibt es verschiedene Subjekte, verwendet man immer *(an)statt/ohne dass*:
Die Bürger demonstrieren für bessere Radwege, ohne dass die Politik etwas ändert.
Nur wenn das Subjekt in Haupt- und Nebensatz gleich ist, kann man auch *(an)statt/ohne ... zu* verwenden.

Konjunktionen *damit / um ... zu* (Absichten ausdrücken) L24
Drei Familien haben den Betrieb wieder aufgebaut, damit wir die Nachfrage nach Obst und Gemüse bedienen können. Wir hatten uns zusammengeschlossen, damit wir gemeinsam ein Dorf bauen. Wir hatten uns zusammengeschlossen, um gemeinsam ein Dorf zu bauen.
Das Subjekt in Haupt- und Nebensatz ist gleich: Man kann damit oder um ... zu verwenden.
Die Subjekte in Haupt- und Nebensatz sind verschieden: Man kann nur damit verwenden.

Konjunktion *als ob* + Konjunktiv II (irrealer Vergleich) L24
Wir tun so, als ob wir in Sachen Klimaschutz ewig Zeit für Veränderungen hätten.